平凡社新書
1050

腐敗する「法の番人」

警察、検察、法務省、裁判所の正義を問う

鮎川潤
AYUKAWA JUN

HEIBONSHA

腐敗する「法の番人」●目次

第2章　二の足を踏む検察

第3章　法務省と現場

第4章 誰のための裁判所か

はじめに

犯罪学・刑事政策学の基本的な考え方は、世間の常識とは異なっている。

一般的には、犯罪が行われるから警察などが取り締まると考えられている。しかし犯罪学・刑事政策学は、取り締まるから犯罪が発生すると考える。

犯罪の発生は二段階を経て行われる。まず第一に、ある行為が犯罪として法律によって定義される。たとえば、日本ではマリワナやハッシシの所持や譲渡は大麻取締法で禁止されている。しかし、カナダやアメリカ合衆国の二〇以上の州ではリクリエーション(娯楽・嗜好)目的の所持、使用及び譲渡が認められている。さらにカリフォルニア州等では、一人当たり六株程度の大麻の栽培も認められている。ある行為が犯罪かどうかは、ある国において法律でその行為を犯罪と定義するかどうかによって決まる。

第二に、その法律に基づいて取り締まりが行われ、検挙されることによって、犯罪が発生する。取り締まりが行われなければ、犯罪は発生しない。たとえば、未婚や不倫のカップルがホテルなどに宿泊し、宿泊者名簿への記載を求められたときに、それにほんとうの住所・氏名を書かなかったとしても、通常、私文書偽造の罪などに問われることはない。しかし、ある人々はターゲットとされ、宿泊者名簿に虚偽の記載をしたために、逮捕されることもありうる。住宅のポストにピザや美容室の宣伝ビラを入れたからといって住居侵入の罪に問われることはない。しかし、そうした広告とは異なる内容が書かれたビラを入れた場合には、住居侵入罪で逮捕・起訴されて有罪判決が下ることがある。

ある行為が犯罪となるかどうかは、警察、検察、法務省、裁判所など——これらの機関を犯罪学・刑事政策学では「社会統制機関」と呼ぶ——が、その行為にどう対応するかによる。

犯罪行為や犯罪を行った人だけを見ていたのでは、犯罪について十分に理解することはできない。社会統制機関を視野に入れて考察する必要がある。

社会統制機関は、同種の犯罪に対して、公平・平等な対応を取るとは限らない。時期によっても異なる。ある種類の犯罪を警察が取締り強化月間に指定していれば、取り締まりが厳しくなる。撲滅キャンペーンをしているような場合は、刑罰も重くなる。「オレオレ詐欺」や「振り込め詐欺」がこれに該当する。

二〇歳前後の若者が、インターネットやSNSに流されている報酬のいいバイト広告につられて、のこのこと出ていき、少しおかしいと思いながらも高齢者に金を出させるように仕向けたり、高齢者から金を受け取る役をしたりして捕まれば、たとえ非行歴や犯罪歴がなくても、一発で刑務所や少年院に収容される。

筆者も保護司として、そうした青少年の世話をしたことがある。事前に怪しいと思った高齢者が警察に通報したことで、犯罪集団の首謀者はもちろん主要メンバーの顔も見たことがなく、バイト料も一銭も手に入らないまま彼は逮捕された。報酬を得るどころか、逆に遠方まで出かけていった交通費が持ち出しになった。そして、二〇歳未満で刑務所に入って数年間を過ごし、二〇歳を超えてから仮出所した（なお、「仮出所」とは、判決で言い渡された刑期よりも数か月早く刑務所から出所し、保護観察に付され、保護観察官や保護司の指導・監督を受けて、社会への円滑な適応を図る制度である）。

社会統制機関は、どういう人が犯罪を行ったかによって異なった対応をすることがある。先に述べたように、微罪で逮捕される人もいれば、権力の中枢とのネットワークを持っていたり、社会的に特権的な階層に所属していたために、逮捕を免れたり、取り調べや保釈などについて特別な配慮が得られる人もいる。

社会統制機関は完璧ではない。犯罪を行っていないにもかかわらず、犯罪をしたとして警察に逮捕される場合もある。その段階で誤認逮捕だとは分からないまま、検察によって起訴され、裁判所で有罪の判決が下されることもある。死刑や無期懲役といった重い刑罰の判決が下され、のちに冤罪《えんざい》だったと判明することさえある。死刑判決が下りた免田事件、財田川事件、松山事件、島田事件、さらに無期懲役の判決が下りた布川事件、足利事件などだ。

本書では、従来であれば犯罪そのものと犯罪者に向けられていたまなざしを、社会統制機関に向け、社会統制機関が行う「逸脱行動」を考察していく。逸脱行動とは、犯罪のみならず、社会規範や規則に違反した行動である。

社会統制機関に所属する人間が犯罪を行うことがある。たとえば、警察官が殺人をしたり、検察官が窃盗をしたり、裁判官が児童買春をしたり、等々だ。確かに、本来、犯罪を取り締まるべき人間が、こうした犯罪を行うことは許しがたいことである。

他方で、社会統制機関が、その組織の目的として国民から委ねられていることを遂行しなかったり、与えられている権限を踏み越えて国民の生活を侵害したり、国民のためではなく、自らの組織の利益や、その構成員の私利私欲のために行動を取ることがある。たとえば裏金、文書の改竄《かいざん》、業者との癒着、天下り、虚偽情報の流布、冤罪、権利の侵害、職務怠慢、等々があげられる。

社会統制機関が犯罪を防止するどころか、犯罪を誘発するようなことをしている場合さえもあるのだ。

これらの社会統制機関の逸脱行動は、必ずしも犯罪には該当しないかもしれない。しかし、社会統制機関の本来の機能を阻害するものだ。社会統制機関は強大な権力を持っているため、国民に大きな損害を与える。こうした逸脱行動は、白アリのように、目に見えないうちに社会の土台と社会統制機関自身をも侵食し掘り崩す。

この問題を探究し、その実情を解明して解決策を考案したいと思う。

第1章　警察の利権

1　警察のマスコミを利用した印象操作によって

私たちは、街頭で警察官を見かければ安心感を得、自転車で巡回している警察官には、自然にお礼の気持ちが生じる。さらに、バイクに乗って交通事故の現場に駆け付けようとしている警察官を見かけたりすれば、「お疲れ様」と感謝の念が沸いてくるものだ。

しかし、警察を組織全体として見た場合、問題を抱えていないわけではない。

「2」以下で詳しく見るように、とりわけ上層部、国家公務員の総合職の試験に合格し警察庁に採用された、いわゆる東大卒などのキャリアを含めた組織、あるいは、それに、キャリア官僚ではなくたたき上げだが、署長などの幹部クラスとなった警察官を加えて見た場合に、天下りによる業者との癒着など、重大な問題が浮き彫りとなってくる。

『警察白書』と『犯罪白書』

『警察白書』が、例年七月以降、閣議で了解されたのちに発表され、その内容の紹介が当日または翌日の新聞に掲載される。

ただし、二〇二二年の『警察白書』は異例であった。というのは、『警察白書』の閣議への報告の直前、七月上旬に安倍晋三元首相が参議院議員の選挙応援活動の一環として奈良県の近鉄大和西大寺駅前で街頭演説をしていた際に、手製の銃によって銃撃され死亡したからである。『警察白書』の報告を遅らせ、内容を差し替えて一〇月に発表するという経緯があった。

警察庁としては、これまで国際的なテロリズムを想定し、その組織をターゲットとして対策を推進していた。警察大学校に付設された研究機関の文献を見ても、その記述は国際テロリズム一色で塗りつぶされている。ところが、日本人が、手製の拳銃で安倍元首相を単独で襲撃したのだ。

その動機としては、自分たちの家族から何千万円もの多額の寄付金を出させ、家族を不幸に陥れた、いわゆるカルト宗教の存在があった。そして、その宗教団体から便益を受けている政治的主導者に制裁を下すというものであったと考えられる。

銃撃者の学業はきわめて優秀であったが、家族が多額の寄付を行い困窮に陥ったため、大学への進学を断念し、自衛隊に入隊する。そこで射撃訓練を行うとともに、拳銃の構造について学び、インターネット上に飛び交う情報を元に手製の銃を作製することができたのだろう。

このときの警察庁長官は、安倍内閣の官房長官秘書官を務め、内閣の中枢にいたこともある警察官僚であった。かつて、安倍元首相と最も親しい元放送記者のジャーナリストが強制性交で告発され、逮捕される直前に、警視庁刑事局長として、それを中止させたと言われる人物である。安倍元首相と密接な関係があり、警察庁のトップにまで昇りつめた警察官僚が、安倍元首相の安全を守り切れなかったというのは、皮肉な結果と言うほかない。

『警察白書』を作成するのは、警察庁の長官官房である。警察庁の科学警察研究所ではない。そのため警察庁の政策的な意図が直接的に反映される。この『警察白書』に関する文章の意味は、読者にとっては何が言いたいのか分かりづらいかもしれない。

少しまどろっこしく思われるかもしれないが、別の白書と比較することによって『警察白書』の特徴を浮き彫りにしたい。

犯罪分野の基本的な白書は二種類ある。もう一つの基本的な白書は、法務省によって作成される『犯罪白書』である（なお、『犯罪被害者白書』を加えると三種類になる）。『犯罪白書』は例年一二月に発表される。

『犯罪白書』は、法務省の法務総合研究所の研究部が執筆の責任主体となっており、ルーティーン部分と特集の二つの部分から成り立っている。ルーティーン部分は、犯罪の現状と趨勢《すうせい》を検討する。特集は毎年テーマを替えて集中的な調査を行い、従来と比較して法務省の刑事政策の課題と関連したテーマが選択されるようになっている。しかし、研究所の研究部が作成しているため、ルーティーン部分と同様に基本的なデータの提供と記述の客観性が重視される。

以上のことから、犯罪に関する同じ白書でも、『警察白書』は『犯罪白書』と異なり、警察庁長官官房の官僚が執筆し、警察の政策を前面に打ち出した内容になっている。次に、その政策的な意図を具体的に見ていきたい。

新聞記事の見出しに見る印象操作

『警察白書』は、警察の活動について紹介するとともに、警察の政策に対する国民の同意を得るために編集されており、広報誌の性格が強くなっている。あえて言えば、世論を一定の方向へ誘導しようとする意図を持っているという特徴がある。この具体例を、二一世紀に入ってからの二〇年間、『警察白書』が発表された際の新聞報道を見ながら考察していこう。

以下は、『警察白書』が発表された当日または翌日の朝日新聞の記事の見出しである。

・「不祥事、警察白書の序章で特集　「みぞうの事態」に対応」二〇〇〇年九月二二日
・「警察白書、テロに言及」二〇〇一年九月二一日
・「警察白書、「拉致」の記述変更　北朝鮮・金総書記の謝罪言及」二〇〇二年九月二七日
・「「日本は稼げる」「防衛意識希薄」外国人容疑者の声、警察白書に」二〇〇三年九月二六日
・「空き交番「3年後解消」住民の防犯活動支援　警察白書」二〇〇四年一〇月一日
・「高齢ドライバー、家族の95％「危険」本人「免許返さない」警察白書に意識調査」二〇〇五年八月一〇日
・「ネット社会に警鐘　サイバー犯罪急増、4年で倍以上　警察白書が特集」二〇〇六年七月二一日
・「暴力団も格差社会　株に触手、資金源に　警察白書」二〇〇七年七月一七日
・「「協力得にくい」8割　捜査巡り現場刑事ら　警察白書」二〇〇八年八月二二日
・「振り込め詐欺「生活脅かす」　09年警察白書で特集」二〇〇九年七月二八日
・「振り込め詐欺、進む国際化　2010年警察白書「捜査対象、世界に」」二〇一〇年七月二三日
・「「犯罪の国際化」に捜査、各国と連携を　警察白書」二〇一〇年七月二三日

・「サイバー犯罪「深刻さ増す」　11年版警察白書」二〇一一年七月二二日
・「警察庁、原発テロの警備見直し　冷却・電源設備を重視」二〇一二年七月二四日
・「「いじめ犯罪心配」最多　子どもへの脅威、市民の意識調査　2013年版警察白書」二〇一三年八月二日
・「会話傍受・潜入捜査　14年警察白書に「検討課題」」二〇一四年八月一日
・「主要幹部の摘発重要　暴力団壊滅向け　警察白書」二〇一五年七月二四日
・「「テロの脅威、現実に」　警察白書」二〇一六年七月二九日
・「交通事故死、年間2500人以下「困難」　2020年目標へ「対策を」　警察庁」二〇一七年七月二五日
・「犯罪対処にAI　虐待や特殊詐欺課題　警察白書」二〇一八年七月二四日
・「警察白書、対テロ・災害特集」二〇一九年七月三〇日（朝刊）
・「高齢者の犯罪、30年で10倍　20年版警察白書」二〇二〇年七月二二日（朝刊）
・「警察白書公表、サイバー犯罪9875件」二〇二一年七月二〇日
・「警察白書　先端技術を悪用した犯罪特集　安倍氏襲撃で要人警護を修正」二〇二二年一〇月一五日（朝刊）

＊朝日新聞クロスサーチによる。「朝刊」の明記がない見出しはすべて夕刊から。

『警察白書』の発刊にあたっては、記者会見またはブリーフィングが行われ、白書の内容の説明、資料の提供がなされる。

筆者が法務省で『犯罪白書』の作成に関与した経験に基づけば、記者クラブに提供される「資料」は、あらかじめ新聞の紙面を想定して作成される。ほとんどそのまま新聞記事にすることも可能なものが提供されると考えられる。

朝日新聞の見出しを提示した二三年間のうち、二〇〇三年から二〇二一年までの一九年間は、じつは、犯罪の「認知件数」が減少していた時期であった。

まず、犯罪統計について少し説明しておこう。自動車を通常に運転していて死亡事故や人身事故を起こした場合は、自動車運転過失致死傷罪になる。従来は、自動車運転による業務上過失致死傷罪として分類されていた。こうした自動車運転の際の過失による致死傷罪は、自動車運転という特定の状況で、ほとんどの場合は過失に基づくものだ。したがって、日常生活において意図的に行われる犯罪とは異なるため、別々に統計を取るようになっている。

一般の犯罪の動向は、交通関係を除いた刑法犯の数値で見ていくことになる。なお、「認知件数」とは、警察に届けられ、警察が、犯罪が発生したと認知した犯罪の件数である。刑法犯の認知件数を見てみると、二〇〇三年は約二七九万件あったところが、二〇二一年には約五七万件にまで激減した。しかし、『警察白書』の内容を紹介する朝日新聞の見出しには、どこにもそうしたことをうかがわせるものはない。

すなわち、これらの『警察白書』に関する新聞報道の見出しを見る限り、二〇〇三年以来、二〇二一年まで一九年間にわたって、犯罪の認知件数が減少してきているという事実に思い当たるものはほとんどない。

たとえば、二〇一八年版『警察白書』を紹介する二〇一八年七月二四日（夕刊）の記事の見出しは、「犯罪対処にＡＩ　虐待や特殊詐欺課題　警察白書」である。この見出しからは、犯罪の認知件数が減少していることとは思いもつかない。

読者は、虐待や特殊詐欺が増加したり深刻化したりしているので、それへ最新のコンピュータテクノロジーであるＡＩを用いて対処しようとしている、と受け取ることになる。この記事の本文を注意して読むと、「刑法犯認知件数は02年をピークに年々減少している」という一文をはじめ二か所で書かれていることを発見する。しかし、見出しの印象は強く、本文でもサイバー空間での犯罪防止のほうが強調されており、この部分は見落とされたり、読み飛ばされたりして、印象に残ることはない。

「犯罪対処にＡＩ　虐待や特殊詐欺課題　警察白書」

警察庁は24日、２０１８年版の警察白書を公表した。犯罪全体は減少し続ける中、子どもや女性を対象にした犯罪やサイバー犯罪などが課題と指摘。これらに対処するため、犯罪情勢分析の高度化や人工知能（ＡＩ）の活用など新たな手法を積極的に取り入れていく姿勢を示した。

刑法犯認知件数は02年をピークに年々減少している。官民が連携した防犯対策のほか、検挙人数が相対的に多い若い世代の人口が減るなどの社会的要因も犯罪減少の背景にあるとしている。若者に規範意識の高まりや外出しない傾向など行動の変化がみられる、とも分析した。

一方で、児童虐待やストーカー、配偶者間暴力（ＤＶ）といった子どもや女性が被害者になる犯罪、特殊詐欺やサイバー犯罪など加害者が被害者と顔を合わせない「非対面型犯罪」への対応が課題だと指摘。犯罪発生情報を分析して次の発生を予測して捜査に生かすといった犯罪情勢分析の高度化▽ＡＩなどの技術の活用▽警察が持つ情報の効果的な発信――などを進めていくべきだとしている。

＊なお記者の氏名は省略した。

記事からは、子どもや女性が犯罪の被害にあわないように、ＡＩなどを用いて対策を充実させるべきだという認識のみを得ることになる。

このような認識を持つことが悪いと言っているわけではない。ただ、このことこそが警察が白書で狙っていることなのである。すなわち、警察幹部は犯罪防止のためのＡＩを開発するために、コンピュータやソフトウェアなどの機材を購入するとともに、プログラミングなどのためのシステムエンジニアやプログラマーなどの人材を雇う費用を欲しいと言っているのである。

予算と新たな人員を確保すれば、その警察官僚の業績となり、昇進のための好材料となるからだ。

池上彰が指摘する「体感治安の悪化」とは

ジャーナリストの池上彰も、映画監督である森達也との対談で、以下のように述べているが、このことは、おおむね妥当するように思われる。

池上彰は、警察庁は『警察白書』を発表するときに見出しをつくり、犯罪が増え、犯罪状況が悪化しているという印象を与えようとし、新聞がそれをそのまま書くという。また、警察は、要は定員を増やしたい、予算を増やしたい、警備会社を増やして天下り先を増やしたいと考えている、という。

さらに、殺人が減少しており、そのことは白書にも書かれてはいるが、しかし記事にはならないと述べる。警察が報道してほしいのは定員を増やすことができるような記事であり、したがって、「体感治安」という用語をつくったと説明する。

池上　……例えば警察白書を発表するときに、見出しをつくりますね。そうするとだいたい「高齢者の犯罪が増えている」等の見出しになりますが、それを発表すると、新聞各社がそれをそのまま書くわけです。記事を読むと、なんとなく犯罪が増えているように思える。ところが警察白書をよーく見ると、真ん中のあたりにさりげなく「殺人事件件数は戦後最低だった前年度を下回った」と書いてあるわけです。警察白書は嘘はついていない。実は殺人事件件数が減り続けているとは書いています。でも逆に犯罪が増えているかのような印象を受ける見出しが付いているのです。でも本来で言えば、これは警察のお手柄・成果として自慢するべきことですよね。こんなに我が国の警察が頑張って、こんなに治安がよくなったということを見出しにすればいいんだから。でも、それをしない。どうしてか？　そんなことをしたら、治安がよくなったことが周知され、警察の人員を増やすことができなくなりますよね。

橋下徹氏が〔大阪〕府知事になった直後に、財政状態が悪いから大阪府警の警察官の増員計画をやめようとしたんです。そのときに、「こんなに治安が悪くなっているときに警察官を増やさないのか」とバッシングを受けて、減らす計画がなくなったんです。つまり、みんなが治安が悪くなっていると思ってくれているおかげで、警察官の数は増えて、警察の予算は増えるわけです。さらに、その結果何が起きているかというと、民間の警備会社にどんどん仕事が増えています。みんな警察官僚の天下り先です。防犯カメラがそこらじゅうに設置されている理由にもなっています。

（池上彰・森達也『池上彰・森達也のこれだけは知っておきたいマスコミの大問題』現代書館、二〇一五年、一八五―一八六頁）

二〇二〇年の『警察白書』の特集は、高齢者犯罪である。新聞記事の見出しは、「高齢者の犯罪、30年で10倍　20年版警察白書」となっている。高齢者の犯罪が一〇倍に増加したという見出しは強烈である。ただし、『警察白書』を丁寧に読むと、殺人事件数は戦後最低だった前年度を下回ったことが明らかになる。よく読まないと分からないと言ったほうがいいかもしれない。

いずれにしても、池上彰が、この『警察白書』の発行以前に対談で語ったことがそのまま当てはまるのだ。

先の引用文で示したように、池上彰は「治安がよくなったことが周知され、警察の人員を増やすことができなくなりますよね」と述べている。そこでは具体的な例として、大阪府知事が、警察官の増員計画を認めないとしたら、「こんなに治安が悪くなっているときに警察官を増やさないのか」とバッシングを受けて、認めるほかなかったというエピソードを紹介している。

さらに、人々が「こんなに治安が悪くなっている」と思い込む原因の一端がマスメディアにあることを指摘している。自分がテレビのニュース番組を担当した経験に基づいて、「ワイドショーにとって、殺人事件の報道ほどラクなものはない」、数分間のニュースは簡単につくることができるという。

池上彰は一九八〇年と八一年、警察庁の警察一課及び三課の担当だったこと、自分が警察庁を担当していた一九八〇年代は、普通の殺人事件はローカルニュースでおしまいであり、殺人事件の報道は何人も殺されないと全国ニュースにはならなかったと指摘する。それに対して、現在は、ニュースがないと地方の殺人事件をニュースにする、ローカルニュースにすぎなかったものが全国ニュースになる。民放の昼前のニュースは、全国の殺人事件を伝えていて、まるでワイドショーのようだと述べている。

全国から殺人に関するニュースが集められて報道されるため、人々は凶悪な事件が増加しているかのような錯覚に陥り、犯罪に対する不安感が増大するとし、それがもたらす結果を、以下のように指摘する。

本当なら警察は「殺人事件件数が減っている。われわれが頑張って、これだけ治安がよくなった」と自慢して言えばいいのに、それをやると予算や天下り先に支障が出るから、口をつぐんでいる。でも嘘はついていない。ちゃんと白書の中に殺人件数が減っていることは書いているけど、大々的には言わない。その結果、みんな治安が悪くなっていると思い込むというわけです。さすがに警察も嘘はつけないから「体感治安の悪化」という言葉を使うんですね。体で感じる治安が悪くなっているとみんな思っているという意味ですね。客観的なデータで言うと、治安の悪化とは主張できません。そこで「体感治安の悪化にどう対処するか」と主張することになるのですね。

（同書、一八七頁）

警察の対応によって変わる認知件数

二〇二一年、犯罪の認知件数はピーク時の三分の一にまで減少した。ただし二〇二二年に微増に転じている。

戦後、わが国の犯罪の認知件数は、全体として、一貫して漸増傾向を示していた。一九七〇年に一つのピークを記録し、その前後の三、四年間に増加と減少を繰り返しながら一九九七年まで緩やかに増加していた。ところが認知件数は、世紀の変わり目である二〇〇〇年前後に大きな変動を見せる。

二〇〇〇年から〇二年にかけて激増する。その直前の一九九九年に二一六万五六二六件であった認知件数は、二〇〇一年には二七三万五六一二件、二〇〇二年には二八五万三七三九件に至る。一九九九年から二〇〇一年までで見れば、三年間に約二六%も増加するという、急増を記録したのである。

犯罪は、被害者——ごくまれに加害者が自首するということもあるが——が警察に被害を届ければ認知されるというわけではない。

警察が、その届けられた内容に犯罪としての事件性があるとみなし、被害届の書類をつくってくれたときに初めて、犯罪が発生したと認められる。被害届は届け出るものではなく、警察で警察官が作成してくれるものなのである。

読者にも経験のある人がいると思うが、筆者も被害届を「出した」経験がある。二〇年以上前のことで恐縮だが、警察官と机を挟んで面と向かって、まるで容疑者のように細かく質問されて被害届を作成してもらった。自分が重要だと思い強調して訴えても、警察官から見て些末なことだと思われたり、ポイントではないと考えられることは文面にしてもらえない。

別の言い方をすれば、犯罪の被害者は、具体的な手続きとしては、被害の申し出を警察に受け入れてもらい、被害届を書いてもらう必要がある。筆者の場合も、一九九〇年代に粘って被害届を書いてもらったが、「窃盗」事件であり、警察が被害届を受理するのを躊《ちゅう》躇《ちょ》するのが分からないわけではなかった。もし、筆者が警察官だったとして、この事件を捜査するために時間と手間をかけたいかと問われれば、犯人の検挙に至るための手がかりは少なく、正直言って張り切って捜査したいという気持ちにはとてもならない。被害届が受理されたとしても、警察は必ずしも捜査してくれるというわけではないのである。

警察としては、窃盗などの被害届を受理しても容疑者を検挙できる見込みがきわめて乏しいため、検挙率が低くなるのを嫌っていることにもよる。

しかし、二〇〇〇年、警察は被害届や告訴の受理を積極的に行うようになった。この前年に警察の不祥事が相次ぎ、警察は批判を受けたためである。『警察白書』でさえも、それらの事件を無視することはできなかった。二〇〇〇年の『警察白書』は最初の七ページを用いて特集を組んだ。

朝日新聞は次のような記事を掲載した。

「不祥事、警察白書の序章で特集 「みぞうの事態」に対応」

警察庁は22日の閣議で、2000年版の警察白書を報告した。神奈川、新潟、埼玉、栃木の四県をはじめ、全国の警察で続発した不祥事を、序章（七ページ）として冒頭に特集した。不祥事で「警察に対する国民の信頼は大きく損なわれた」とし、信頼回復を目指して倫理教育を徹底し、監察体制を強化するとの方針を明記。七月の警察刷新会議の緊急提言を受け、警察改革を進めると強調した。

不祥事について、これまでの白書は数行触れる程度だった。今回は「みぞうの事態」（幹部）として独立して扱った。

（二〇〇〇年九月二二日〈夕刊〉）

記事は、一九九九年に懲戒免職になった警察職員が、件数及び人数ともに一九九八年の二倍以上になったこと、さらに二〇〇〇年は『警察白書』が出される上半期だけで昨年度とほぼ同数になっていることを付け加えている。

その上で朝日新聞は、『警察白書』に基づいて、県警幹部が自らの違法行為の責任を問われた事案、不適切な対応をした事案が目立ったとし、昨年に強い批判を浴びた不祥事として五件を紹介している。その五件とは、以下の事件である。

強く批判された不祥事として、神奈川県警の巡査長が押収品を持ち出して女性に交際を強要▽同県警の元本部長らが警部補の覚せい剤使用事件をもみ消し▽監禁女性が発見された時に新潟県警本部長と特別監察に訪れた関東管区警察局長が旅館で遊興▽埼玉県警がストーカー刺殺事件で捜査書類を偽造▽栃木県警が少年リンチ殺害事件で調査を怠った――などをあげた。

白書によると、一九九九年中に警察職員が懲戒免職になったのは全国で三十八件、三十九人だった。今年は上半期だけで三十三件、三十八人にのぼり、九八年（十四件、十九人）より大幅に増えている。

（同前）

これらの事件のうち、認知件数に最も大きな影響を与えたのは、一般的には「桶川ストーカー事件」と呼ばれている「埼玉県警がストーカー刺殺事件で捜査書類を偽造」した事件である。

元交際相手の男性からストーカー被害にあっていた大学二年の女性と、その親が警察に相談に来て、告訴状を提出した。しかし、警察は、告訴状だとただちに捜査を開始しなければならなくなるため、被害届を改竄した。その後、その女性は、元交際相手の兄である風俗店の経営者が依頼した店長らによって殺害されるに至った。書類を改竄した課長（警部）、係長（警部補）、巡査長の三人が懲戒免職となる処分が下った。

この事件への警察の対応に関して、国民から強い非難が寄せられた。警察庁長官は、各都道府県警へ、従来、事件の受理にあたっては、その場で受理するかしないかの判断を行っていたが、受理の際に行っていた「前さばき」を廃止し、すべて受け入れるように指示した。その結果が認知件数の激増という結果になったとされている。

おもに認知件数の増加は窃盗の届け出受理に左右される。現行犯での逮捕を除いて、窃盗はそれほど容易につかまる事件ではない。認知件数の増加とともに、検挙率は減少する。

なお、被害女性の両親は、埼玉県を被告として、一億一〇〇〇万円の損害賠償の訴訟を起こした。裁判では書類の改竄などについて五五〇万円の損害賠償を認めた。ただし、書類が改竄されたことと殺人との因果関係について容認されるには至らなかった。

以上のように、警察が起こした不祥事によって、犯罪への対応、より正確には警察による一般市民からの通報に対する対応の変化、犯罪被害についての報告受理の基準や受理の仕方が変更になることを確認した。

一般の人々は、犯罪の認知件数を発生件数とみなす傾向がある。しかし、両者は異なる。そのため犯罪の届け出を受理する警察の対応の変化によって、犯罪の認知件数が増減するという事態が発生した。

各都道府県の警察本部や各警察署は、犯罪の検挙率を組織の業績の一環として考える傾向がある。警察署長ばかりではなく、地方自治体の首長でさえ、安全で安心できる生活環境を提供しようと努力していること、その成果が上がっていることを示す指標として、検挙率を用いようとすることもある。ただし、警察力の実情を知らないままに、その成果を示そうとして、過重な圧力を加えると、思わぬ弊害が起きることがある。

一九九九年から二〇〇〇年にかけて社会の批判を浴び、一時期パニックに陥った警察は、二〇〇五年以降、次第に、従来の前さばきを行う被害届の受理の仕方へと戻っていった。

筆者も、二〇二〇年代、前に述べたのとは異なる、今度は親族が被害を受けた侵入盗（空き巣など）の被害届を出そうと警察署を訪れた。しかし、ベテランの警察官が対応にあたり、結局、事件性に乏しいということで、被害届は作成されないままで終了した。

このような警察の対応の変化に加えて、情報社会の進展などの社会変動が大きな影響を与えていると考えられる。スマートフォンなどの携帯電話が普及し、犯罪をいつでも即座に警察に通報できたり、とりわけ犯罪の様子を誰でも事件現場で撮影できるようになった。サイバー社会の進展の影響によって、おそらく犯罪の発生自体も減少してきたものと考えられる。

これは、人々が情報化の進展に伴って犯罪が増加するに違いないという懸念を抱いていたところ、その予想や不安とは異なる結果がもたらされていると言ってもよいであろう。

犯罪の認知件数の減少傾向とともに、検挙人員も減少している。この傾向は、少年犯罪において特に顕著である。少年犯罪の検挙人員は、一九八三年のピーク時には一九万六七八三人であったところ、二〇二一年には一万四八一八人にまで減少している。この減少については、さまざまな説明がなされているが、その一つとして、しばしば収容少年が減少している少年院の教官から寄せられる以下のようなものがある。

少年の非行は、思春期に、他人と違うことをして人から認められたい、という欲求に基づいている部分が大きい。たとえば、暴走族がその一つである。当時はかっこいい行為とされた。学業が優れず学校で取り残された少年が認められようとして、一般社会の価値観を逆転させた凝集性が高い非行集団を形成し、非行少年の世界において自己の承認欲求を満たそうとした。

しかし、子どもたちは個人化し、他人と深く付き合うのではなく、軽く浅く広く付き合うようになった。直接的・対面的な交流ではなく、インターネットを通じての間接的な交流の占める割合が増加するとともに、そうしたネット空間で自己の承認欲求の充足を求めるようになった。凝集性が高い非行集団を形成することが少なくなり、悪いことをして他人から認められるという必要がなくなり、不特定多数の人々を対象として、さまざまな人々がさまざまに異なる反応をする可能性のあるネットの世界で、何かを掲載して「いいね」をもらうことによって、自己の承認欲求を満たすことができるようになった。少年院を訪ねると、こうした説明をしばしば聞く。

社会構造の変動、犯罪が発生しうる具体的な小状況である環境の変化、社会統制機関の取り締まりの方針と犯罪への対応の変化、犯罪を行う潜在的な可能性を持つ行為者の欲求、意識や行動の変化によって、犯罪の認知件数及び検挙人員が変化するものと考えられる。

池上彰が指摘するように、警察は、犯罪の認知件数や検挙件数が減少している場合には、そのことを人々にできるだけ知らせず、人々が認識しないように仕向け、むしろ犯罪状況が悪化しているという印象を持つように導いている、と言えよう。

2 警察の利害

高まる不安感の数値

インターネットをはじめとする情報化の進展は、今までになかった種類の犯罪や逸脱行動を発生させるとともに、それによって行われる犯罪や逸脱行動への人々の不安を高めることになる。なお、逸脱行動とは規則や社会規範に違反し、社会の標準から大きくかけ離れた行動である。

二〇一三年の『警察白書』は、一般の人々の犯罪状況に対する認識や、犯罪の被害にあうという不安に関する調査の報告となっている。

この年の『警察白書』について紹介する朝日新聞の記事を見てみよう。

「「いじめ犯罪心配」最多　子どもへの脅威、市民の意識調査　２０１３年版警察白書」

警察庁は２日、２０１３年版の警察白書を公表した。「子供・女性・高齢者と警察活動」と題した特集で、治安に対する市民の意識調査の結果を紹介。子供にとって脅威になっていると心配する犯罪として「いじめによる犯罪」を挙げた人が最多だった。

調査は今年１～２月、全国の運転免許試験場などで、16歳以上の男女３７４５人を対象に行い、99・７％から回答を得た。

子供の安全を脅かす犯罪として全体の73・２％（複数回答）が「学校におけるいじめによる犯罪」を挙げた。就学前の子供と同居する保護者らの場合は79・４％、小学生と同居する保護者らでは77・７％と、いじめを不安視する割合がより高い。

全体では、「誘拐や連れ去り」の70・９％、「強制わいせつや痴漢などの性犯罪」の59・６％、「児童虐待などの家庭内における犯罪」の55・３％と続く。

白書によると、学校でのいじめに起因する事件で全国の警察が２０１２年に摘発・補導した小中高生は５１１人、事件の数は２６０件で、いずれも前年の約２・３倍にのぼった。事件の容疑別では、傷害１２２件、暴行74件、恐喝20件など。いじめを受けていた大津市の中学２年の男子生徒が自殺した問題では、滋賀県警が昨年12月、同級生3人を暴行容疑などで書類送検、児童相談所送致している。

白書はいじめについて「自殺に至る重大事案が発生するなど、少年保護と非行防止の両面から憂慮すべき問題だ」と指摘。警察と学校などとの協議会を通じた情報交換や警察官OBら「スクールサポーター」による学校訪問、子供に対するカウンセリングなどの取り組みを紹介している。

警察庁は今年1月、被害者の命に危険が及ぶ恐れがあるケースではすぐに捜査を始めるなど、いじめに的確に対応するよう都道府県警に指示している。

＊なお、記者の氏名は省略した。

一般の人にとっては、違和感もなく有意義で重要な調査報告に思われるかもしれないが、専門家から見ると「実態」を「意識」にすり替えているようにしか感じられない。

犯罪の実態についてこそ論じるべきところを、人々の逸脱行動や犯罪に関する「体感治安」の問題にすり替えているのだ。

犯罪が減少しており、予算が減らされかねない事態に対応するために、人々が犯罪への不安を感じており、不安が増大しているので、犯罪への積極的な対応が必要であるとした。さらに、従来と同様の予算措置に加えて、新たな予算措置が必要であるという主張を行い、それを裏づける作業を行っているというように読むことができる。

また、子どもは犯罪の被害にあいやすいため保護されるべき対象という認識が一般の人々にはあり、被害にあうのではないかという不安感はより高いものとなる。いじめは、犯罪に該当する場合もあればそうではない場合もある。いじめについて問うことによって、人々は犯罪よりも、より広範囲の逸脱行動に対する不安も含めて回答することになり、不安感の数値は高まる。加えて、元々子どものいじめの場合は、学校という教育現場において発現する現象であり、警察にとっては自己のフィールド、すなわち対象とする守備範囲を拡張していくことにもなる。

先にも記したが、池上彰は、自分が記者だった当時と現在の犯罪報道とを比較してその違いを指摘した。以前は、通常の殺人事件はローカルニュースに留まったが、現在は全国に報道されるニュースとなった、と述べている。自分の地域に殺人事件がなければ他の地域から、あるいは全国から探してくるというようになっており、いやがうえにも視聴者や住民の不安は増大し、「体感治安」は悪化することになる。

こうした不安感が背景にあって、いじめに関する不安感もより高まっていくことになると考えられる。不安感への対処として、警察の関与する領域は拡大し、この場合であれば、「警察官ＯＢら「スクールサポーター」による学校訪問、子供に対するカウンセリングなどの取り組み」といった、さりげなく書かれている記事の表現に、警察官ＯＢの再就職先の確保が警察庁の目的として意図されていることが判明する。

自らの利害関心に基づいた対策

警察庁が絶えず念頭に置いている行動原理について、経済産業省（旧通商産業省）の元官僚で、経済産業省で課長や国家公務員制度改革推進本部事務局審議官を務めたりした後、評論家として活躍している古賀茂明の指摘を見てみたい。

通商産業省取引信用課長の職にあった古賀は、クレジットカードの暗証番号などが抜き取られて、多額の被害が出ているため、その対策が必要と考え、法務省刑事局に立法化を働きかけた。だが、法務省はなかなか動こうとはしなかった。そのとき、検察がしないのであればうちがやりましょう、と声をかけてきたのが警察庁だった。

しかし古賀は、警察庁の引き受けようという意図は、自らの庁の権限を拡大させるとともに、ＯＢの天下り先を確保するためであると見抜いていた。古賀は、警察によって対策法がつくられれば、警察が主体となって被害防止の対策が取られたり、被害を救済したりするための組織がつくられる可能性があるという懸念を、法務省の検察官僚に指摘した。そして、法務省によって法律をつくってもらうように働きかけ、クレジットカードの不正使用による被害対策の法律制定を実現した、とのことである。
少し長くなるが、省庁の利害関心を見事に描き出しているので、古賀による記述を以下で引用して、その内容を確認したい。

私が配属された取引信用課はクレジットカードやリースに関する規制を扱う部署である。

（中略）

当時の仕事でおもしろかったのは、クレジットカード偽造対策である。その頃もすでにクレジットカードの偽造が横行していた。クレジットカードの情報を磁気テープから読み取り、偽造カードに移して正規のカードを装い使う。クレジットカード会社はその対策に必死だった。

（中略）

クレジットカード偽造に対する罰則が緩かったのは、情報窃盗に関する法整備が進んでいなかったせいもある。正規のカードからスキミングして偽造カードを作るのは、情報の窃盗である。しかし、当時はまだ情報の窃盗に関する規定がなかった。

（中略）

部下と徹底的に議論し、半年かけて理屈を整理した。その結果、できる可能性はゼロではないとなったので、法務省に案件を持っていった。

だが、予想以上に壁は厚かった。法務省の担当者は、「古賀さん、刑法の話ですよ。軽々しく持ってきてもらっても困ります」と相手にしてくれない。学者の先生方の見解も、「むずかしいなあ。できたとしても、まあ、早くて五年かかりますよ」。私が、「でも、どの国もやっているんですよ。日本だけがこんな犯罪を放置しておくと、世界の笑い物になりますよ。どう考えてもおかしいじゃないですか」と反論しても、「むずかしいな」というばかりだった。

（中略）

だが、私は納得できなかった。

（中略）

法務省が相手にしてくれないのなら、世論に訴え、政治を動かすしかないと思った。そこで、マスコミを使ったキャンペーンを開始した。テレビの番組にカード偽造のひどい実態を話し、取材してもらった。

（中略）

一方で大臣への根回しも進めて、先に挙げたような分かりやすい現実に起こり得るケースについて話もしたし、大臣の前でスキミングの手口も実演した。大臣も理解してくれたようで、「これはやらないとな」といって法務大臣に電話してくれた。

（中略）

実はその少し前に、突破口は意外なところから開けた。私の自作自演のテレビ報道を見た警察庁が反応したのだ。警察庁が、「法務省は頭が固い。法務省に刑法をやらせるのはたいへんだから、うちと通産省で、ぜひやりましょうよ。特別に立法して。全面的に協力します」と、申し入れてきたのだ。

警察庁が考えていたのは、道路交通法などが属する行政刑法といわれる法律による刑事罰の強化だった。たとえば、消費者保護のための法律を作り、偽造カードを所有していると刑事罰になるという項目を入れる。刑法を改正しなくとも、同じ効果がある。

しかし、私は乗る気はなかった。警察庁の魂胆が見え見えだったからだ。所管の法律ができると、省庁は天下り先を増やせる。たとえばこの場合は、クレジットカード安全協会といった組織を新たに作り、警察庁は各県警のもとに支部を置く。安全協会は、警察にとっておいしい天下り先になる。

私は警察庁には返事を保留し、法務省に行った。「警察がこんな利権を狙っていますよ」と。法務省の担当者は、正義感に溢れている。「そんなのは許せない」といい、本気になった。

法務省のキャリア組には、自分たちの天下り先を増やそうなどというよこしまな考えはない。法務省で刑法の改正などを担当するのは、司法試験に合格した検事が中心で、法務省を退官しても弁護士になる道があるので、天下り先を作る必要などないからだ。

自立できる道があるかどうかで、行いは変わってくる。普通の役所のキャリアが省益のために働くのは、結局、最後は役所の世話にならないと生きていけないからだ。その点、法務省の検事たちは先を心配することがないので、正義感のほうが先に立つ。警察庁の利権狙いをテコに、法務省を動かそうというのが私の作戦だった。この作戦がまんまと功を奏し物事が動きそうなのを見極めて、東大の若手の先生にお願いして、法案の準備に取りかかった。

（中略）

最近、検察や法務省の評判がすこぶる悪い。しかし、私が知る検事たちは正義感を持ち、正しいことを実現するためには身を粉《こ》にして働いてくれる、頼りになる存在だった。

（古賀茂明『日本中枢の崩壊』講談社、二〇一一年、二六二―二七二頁）

警察は、犯罪の発生を抑止したり、犯罪が発生した場合にそれへの対応を取ったり、犯罪によって発生した被害や被害者を救済したりしようとする純粋な動機に基づいて、それに最も適合的な法律や制度を設けようとするわけではない。自らの利害関心に基づいた対策、制度や組織を設立していることが分かる。

霞が関の省庁と、そこで働く官僚たちの内実を知らない一般の人々にとって、内部にいた者の貴重な情報と洞察をもたらしてくれる。

ただし、古賀の指摘に一点のみを加えるならば、法務省の検察官といえども、じつは、自らの利害関心のために動いているのである。そのことについては、第2章及び第3章で考察する。

3　警察の裏金

裏金問題を告発する

二〇一一年一一月、警視長で北海道警察釧路方面本部長を務めた原田宏二が八三歳で亡くなった。

二〇〇四年、警察で裏金づくりが行われていることを、マスメディアへ実名で顔を出して告発する記者会見を行った北海道警察高官の立役者だった。警察の裏金問題は、二〇〇三年一一月、北海道警察旭川中央署の捜査費流用疑惑に端を発する北海道新聞の調査報道から始まった。

自分が署長や警察幹部として毎月一定額を受け取って使用しており、また方面本部長を退職後、天下り先の企業での勤務を終了した後であり、忸怩《じくじ》たるところはあっただろう。しかし、捜査費が足らず犯罪に手を染める警察官の存在を知り、実際には裏金づくりをしていながら、それを否定している北海道警察を問題と考えた。また、正義感と使命感に燃えて警察官となった人たちに偽の領収書をつくらせ、警察組織が犯罪に手を染めさせることを強いている慣行を改める必要があると考え、公的な場で警察における裏金の存在を告発した。

原田は、自分が裏金を使っていたことについては正直に告白したが、証拠となる書類は持っておらず、北海道警察は裏金の存在を強く否定するとともに、関係する証拠の書類を破棄した。

しかし、裏帳簿を管理する立場にあった警察署の次長で、すでに退職していた、原田に敬意を抱くかつての部下が、同じく実名で顔を出して記者会見を行った。この元警察署次長は裏金の管理をさせられることが嫌で早期退職をしており、捜査費の不正流用の事実を認めようとしない北海道警察の不誠実な対応に憤りを感じ、証拠を示して記者会見を行ったのである。

このため北海道警察は、裏金づくりを認めざるをえなくなった。

北海道警察は捜査費などを不正支出していたことを認め、二三五人を懲戒処分にし、利子を含めて約九億円を国と北海道に返還した。なお、告発者によれば、情報提供協力者へ捜査費（国）や捜査用報償費（道）を支払ったという虚偽の領収書を書いたり、カラ出張をしたりしてつくった裏金は、実際には二三億円に上るのではないかと言われている。

原田は「明るい警察を実現する会」を創設して、相談、集会、講演や執筆活動などを行

った（北海道新聞取材班『追及・北海道警察「裏金」疑惑』講談社文庫、二〇〇四年。原田宏二『警察内部告発者』講談社、二〇〇五年）。

この後、各地の警察で、現職または退職後の警察官による裏金に対する告発が相次いだ。現職警察官として、初めて内部告発したのは愛媛県警の仙波敏郎である。仙波は、裏金づくりのための領収書への署名・捺印を拒否したために冷遇されていたが、高校時代の同級生のジャーナリストの助力を得たり、市民オンブズマンの支援を受けたりして、日本で初めて現役警察官として、実名で顔を出して内部告発を行った。

仙波は愛媛県のエリート高校の松山東高校の出身者である。父を早くに亡くしたため、大学へ進学しないで警察官になった。正義感が強く、最年少で巡査部長に昇進するほど頭脳明晰であった。見込まれて昇格の話もあったが、虚偽の領収書作成への協力を拒んだため巡査部長に留め置かれた。

二〇〇五年一月に市民オンブズマンの弁護士からの依頼を受け入れて記者会見で告発したところ、報復を受け、左遷されて一方的に望まない部署に異動させられた。その後、支援活動によって元の部署へ復帰し、定年退職した。

仙波によれば、勤務していた警察署では、年間約一二〇〇万円の裏金がつくられ、約八〇〇万円が署長の餞別に充てられていた、とのことである。

ノンフィクションライターの小林道雄が、刑事警察から公安、防犯、風俗まで、府警本部長から巡査まで多様な警察官へのインタビューに基づいて書いた本のなかで、元大阪府警本部長は、本部長が餞別を集めるばかりではなく「今では署長ですら、辞めるとなったら企業まわりをやって金を集めている。挨拶したあとを、次長あたりの部下がまわって金を受け取ってくるんだな。そういう役割も決まっているんだよ」と述べている（小林道雄『日本警察　腐蝕の構造』講談社、一九八六年、一三七頁）。

挨拶回りのなかに、防犯協会に所属するパチンコ・パチスロ店などが含まれていることは想像に難くない。

警察の裏金の告発を行ったのは、原田宏二が最初ではない。

それを遡ること二〇年前に、裏金にまみれた警察の仕事が嫌で、五二歳のときに警視監で早期退職し、無教会のキリスト教徒として聖書研究にいそしむ生活を過ごした警察庁のキャリアが、裏金の存在を告発する本を著している。少し古くなるが、日本の警察史に金字塔として末永く残る書物なので、そのほんの一部を引用して紹介しよう。

私が批判してきたこと、また、いま批判しようとしていることを端的に述べるならば、金銭《かね》にまつわる上層警察官僚の貪欲が、これまで書いてきた警察の責務および警

察官の原点を忘れさせ、あの感銘深い宣誓書の心を汚濁にまみれさせてきたことである。(中略)

警察はいまや、(中略)もっと始末に悪い、幹部集団がリードする警察社会のための警察組織になり果てた、というのが警察官として約二十八年にわたって勤めた私の経験的結論であった。国民の税金――予算と経理をめぐる違法行為が徹底して進んでいるからである。また、その象徴的な営みを私は、八年余りの内閣官房内閣調査室における勤務を通じて決定的に体験した。

(中略)

警察社会における不義の実態は簡単なことである。いわゆる「二重帳簿」方式の予算経理による裏ガネづくりが、中央からすべての都道府県にわたる全警察組織において行なわれていることである。

(松橋忠光『わが罪はつねにわが前にあり　期待される新警察庁長官への手紙』社会思想社、一九九四〈初版一九八四〉年、三二―三三頁)

松橋は「金銭《かね》にまつわる上層警察官僚の貪欲」が悪の根源であり、警察が国民のための組織ではなく、「幹部集団がリードする警察社会のための警察組織になり果てた」と歯に衣を着せないで明言している。さらに「二重帳簿」による「裏ガネづくりが、中央からすべての都道府県にわたる全警察組織において行なわれている」と断言している。

これは「中央から全警察組織」が犯罪行為を行っている、別言すれば警察が犯罪組織になってしまっているという指摘だ。筆者は、犯罪学・刑事政策学の分野でこれほど激しい言葉を見たことはない。

なお、どのように感銘深い宣誓書なのか、関心を持つ読者がいると思われるので、ここに掲げておこう。

宣　誓　書

私は、日本国憲法及び法律を忠実に擁護し、警察職務に優先してその規律に従うべきことを要求する団体又は組織に加入せず、何ものにもとらわれず、何ものをも恐れず、何ものをも憎まず、良心のみに従い、不偏不党且つ公平中正に警察職務の遂行に当ることを固く誓います。

年　月　日　　　　氏　名

（同書、三〇頁）

松橋は、この宣誓書について、「上司の命令に従い」という言葉がないこと、「何ものにもとらわれず……良心のみに従い」となっているのは特に意義深いことである、と記している。さらに松橋は、福岡県警察本部で警備部長を務めた。その際に受け取った部長経費について次のように述べている。

福岡では、毎月五十万円の現金を部長経費としてつくり、部の庶務を兼務する公安課の次席が管理していた。そのうち五万円を部長が活動費として毎月定期に受け取って、残りは部長がいつでも自由に使えるようになっていた。対外折衝その他仕事で使うのが建前であろうが、とにかく自由に使う金だと説明されて私は驚いてしまった。給与と管理職手当を支給されているほかに五万円の活動費を持って、さらに四十五万円を何に使うのだろうか。一か月五十万円では一年で六百万円であり、この金額は以前から変わっていないという。

（同書、二七六頁）

この当時、国家公務員の上級職の初任給は一万五七〇〇円、高卒の国家公務員の初任給は一万一〇〇〇円であった。上級職の初任給の三〇倍以上の金が自由裁量で使える金として毎月県警本部の部長のキャリア警察官に渡されていたのである。

巧妙になる裏金づくり

それでは、現在、警察の裏金はなくなったのであろうか。

原田元警視長は、「少なくとも、私の在職中のようなやり方はしてないでしょう。ただ、何らかの方法で続けている可能性はゼロではありません」という表現で、それが存続している可能性を否定していない（フロントラインプレス〈高田昌幸〉「悪事暴いても「裏切り者」内部告発の悲しい現実　「ゴキブリ」「ウジ虫」罵詈雑言を浴びせられた」東洋経済オンライン、二〇二一年二月一六日、https://toyokeizai.net/articles/-/411217　二〇二三年一〇月八日閲覧）。

警察庁の元高官たちとの交流機会の多い元警察官は、警察にとって裏金は「必要悪」だとする。重大事件が起き、特別捜査本部がつくられ、警視庁や県警本部の捜査一課から応援を受け、それらの刑事が所轄署の柔道場や剣道場に泊まり込んで捜査に協力してもらう場合、所轄署として一席をもうけてお礼をする慣行があるという（寺尾文孝『闇の盾』講談社、二〇二一年、一三五頁）。

重大事件が解決し、打ち上げ会を開く場合、捜査員に自腹を切ってせよ、と言われたのでは気勢が上がらず、そこまでしてやろうという気にはならないかもしれない。やはり、上司からよくやったとほめてもらったり、感謝されたり、それまでの努力をねぎらってもらったり、労苦を認めてもらいたいというのは素直な人間感情であろう。だが、その場合、こうしたお祝いは、そもそも署の首脳部に管理職手当や役職手当として、地位に伴って高額となっている給与に加算されていると考えてはどうだろうか。

ただ、そもそも従来と同様に、カラ出張などによる裏金の不正経理は継続して行われている可能性はあるように思われる。

二〇一九年から二〇年にかけて、広島県警管内の警察署の公安部門でカラ出張が行われていたという報告もある（フロントラインプレス「【スクープ】広島の警察で〝カラ出張〟の疑い　県警は内部告発を最近まで放置か」スローニュース、二〇二三年八月一日、https://slownews.com/n/na47fe5af05ba　二〇二三年一〇月八日閲覧）。

裁判の公判前整理手続において証拠開示が認められた場合は、行政文書はメモも含めてすべからく公開すべし、という最高裁判決が出たことは、裏金をつくり、それを私的に流用することに対して予防効果を持つと思われる。しかし、必要悪と考える幹部がいれば、より巧妙な見つからない方法で存続することになるだろう。

4　恩恵に浴する警察官僚

キャリアの退職後の進路

日本の警察は二重構造になっている。

警察庁という国家公務員の総合職の試験に合格した数百人のキャリア官僚と、各都道府県の警察本部に所属する約二六万人の警察官が存在する。各都道府県の警察本部長、主要な都道府県警察本部の刑事部長、公安部長などの地位は、警察庁からキャリアが派遣されて、ほぼ独占している。

しばしば指摘されるように、警察官の採用試験に合格した巡査は幸運であれば、ごく少数のエリートとして警視、警視正になり署長で定年を迎える。一般的には、巡査部長、警部補で定年退職を迎える者が多い。都道府県警の警察官として採用された場合であっても、警視以上の地位に就いた場合は国家公務員となり、給与は国から出される。

こうしたたたき上げの警察官に対して、キャリア官僚は都道府県警察本部の要職と警察庁とを往復しながら、地位を昇っていく。採用されて二年で警部、警視正を経て、二〇余年で警視長ののち、警視監で定年を迎える者も多い。キャリアは、警察の関連団体、一流企業や金融機関に天下る。

かつて、警察庁長官ののちに政界に進み、官房長官、法務大臣などを歴任した後藤田正晴は次のように述べている。

一般に、警察庁長官などのポストを終えた役人には、三つの進む道がある。一つは公社・公団の役員などに天下ること、二つめは政界に出ること、そして最後は、小遣銭くらいは稼いで悠々自適の生活をすること。このうち、私がもっともやりたくなかったのが、天下りであった。別に本人にそのつもりがなくとも、元いた役所の尻尾がついてまわり、どうしても役所の後輩に面倒をかけることになるからだ。

（後藤田正晴『政治とは何か』講談社、一九八八年、五五頁）

警察庁長官を終えた直後に、政権の内閣副官房長官を務め、二年も過ぎないうちに政権党の代議士として立候補する。ただこのことが、警察法が規定している「不偏不党かつ公平中正を旨とし」（第二条二項）という不偏不党性及び公正中立性に抵触しないと断言できるのか……。

しかし、その人物でさえも天下りは「後輩に面倒をかける」という理由で、退職後の進路のなかで最もしたくないものとしている。だが、天下りは当たり前のように行われている。

天下りにあたっては、現在の年収と同等またはそれ以上の収入が与えられることが前提とされているように言われている。

公社、公団ならずとも、所管の法人や関係諸団体に天下ることの意味するところは、出身官庁のコネを利用して、所属団体に有利な便益を取り計らってくれることが天下り先からは暗黙裏に期待されているということだ。

今では、退職の直後に関連企業に天下ったり、役所が天下り先を直接斡旋《あっせん》することは禁止されたが、その網の目をかいくぐって、規則に違反しない方法で行われている。

再就職先がまさかパチンコ業界とは

朝日新聞に、次のような記事が掲載された。

「パチンコに換金行為ある？」　課税めぐり熱い議論

日本オリジナルの大衆娯楽・パチンコに換金行為はあるのか、ないのか。そんな議論が今、政治の世界で熱く交わされている。

■官僚答弁に議員うんざり

「パチンコで換金が行われているなど、まったく存じあげないことでございまして」と警察庁の担当官。「建前論はやめましょう」。うんざり顔の議員ら。

（二〇一四年八月二六日）

この警察庁の担当者の答えは、現在に至るも変更されることのない警察庁のパチンコについての公式回答である。

この記事の続きには、「しかしパチンコの出玉が換金されることを知らない日本人は少ないだろう」と書かれている。

いや、それどころではない。ほとんどの日本人は、パチンコの玉やパチスロのメダルが換金されることを知っている。パチンコ店にパチンコやパチスロをしに行くほとんどすべての人は、ギャンブルであることを認識しており、金銭の獲得を狙って打ちに行っている。

このことは、パチンコとパチスロなどの機械の製作メーカー、ホール経営者、さらにパチンコ・パチスロ――以降、特に区別する必要がない場合は「パチンコ」と記載する――に関連した最も包括的な団体である日本遊技関連事業協会（日遊協）でさえも認めていることなのである。

すなわち、『日遊協の30年――パチンコ・パチスロ産業の豊かな未来へ』（日遊協30周年事業委員会編、日本遊技関連事業協会、二〇一九年）には、二〇〇二年当時の状況として、「ホールでの状況が射幸性《しゃこう》にますます傾き、事態を悪化させてしまった」とし、「パチスロについてネット上に「５万枚（１００万円相当賞品分）出た」「６万５千枚（同１３０万円相当）のケースもあった」など信じられないような情報も飛び交った」（一三六頁）と記述している。一〇〇万円相当の賞品分、同一三〇万円相当という表現は、まさにパチスロの賞品が換金されていること、換金して金銭を獲得することが目的で行われていることを自ら認めている記述だと言ってよい。

業界が、自ら換金されていることを暗に認めているのに、いったいどうして警察が「パチンコで換金が行われているなど、まったく存じあげないこと」などという認識を持ったり、発言をしたりするのであろうか。

パチンコの機械に課される基準は数年ごとに改定され、その基準に合った機械しか店舗に設置することができない。

その機械を許可するのが、「一般社団法人 保安通信協会（保通協）」である。以前、許認可団体が一団体のみというのは好ましくないということで別団体が組織されようとしたが、組織形態に問題があって認可されなかった。その後、追加で一団体が組織されたようにも聞くが、いずれにしても保通協がほぼ独占的に、パチンコとパチスロの認可を行っていることには変わりない。この団体には警察庁の幹部が天下っている。

最も有名なのは、警察庁長官を務めた山本鎮彦で、二〇〇五年まで一七年間にわたって理事長を務めた。山本が辞職した年の七月の保通協の理事は一五人いた。そのうち有給は常勤の四人で、いずれも警察の元キャリアであり、吉野準会長は警視総監、都甲洋史専務理事は警察庁情報通信局長、柳澤昊常務理事は福岡県警本部長、北村隆則常務理事は東京都警察通信部長であった（溝口敦『パチンコ「30兆円の闇」』小学館、二〇〇五年、一五六―一五八頁参照）。

パチンコ関連団体の実質的な要職は、エリート警察官僚のOBによって占められ、保通協だけでなく、パチンコ機械メーカーの団体である日本遊技機工業組合（日工組）、パチンコのホール業者で構成する全日本遊技事業協同組合連合会（全日遊連）、パチスロ（回胴式遊技機）機械メーカーの団体である日本電動式遊技機工業協同組合（日電協）、さらにホール、パチンコ機械メーカー、景品問屋、上述した日遊協などの団体の歴代専務理事と事務局長のほとんどは、警察のOBが担っている。

これらの団体の専務理事を除く理事は、パチンコ機械メーカーの社長、パチンコホールの社長、パチンコ等関連企業の経営者たちだが、ほとんどが非常勤の理事に留まっている。

警察が「パチンコで換金が行われているなど、まったく存じあげないこと」と公言するのであれば、これらの団体に天下ることは何ら問題のないこととして、大手を振って正々堂々と行えばいいと考えられる。しかし、定年退職後にこれらの職場に勤務するにあたっても、あるいはこれらの職場を実質的に紹介されて再就職するにあたっても、公表を躊躇するような雰囲気がうかがわれなくはない。

従来は、これらの団体に定年退職後すぐに就職していたように思われる。しかし現在は、国家公務員で一度でも管理職を経験した一定の地位以上の職の者が天下った場合、その新たな職場を公表する必要が生じている。そのため最初の天下り先としては保険会社などと表示し、数か月後や数年後にパチンコ関連団体に就職するという小技を用いるようになった。

あるいは、パチンコメーカーの団体であっても、組織団体名に併せて表記される再就職先の業務内容の欄には、「打球遊戯機製造業に関する指導調査、調査研究等」や「保安電子通信技術に関する業務」というようにその団体の性格が記され、パチンコ業界に関心を持つ者でなければ、再就職したのがまさかパチンコ業界だとは分からないように工夫がされているようである。

課題山積にもかかわらず

じつは、筆者は規制ミニマル論者である。規制はないほうがいい。規制するのであれば必要最小限に留めるべきだ、という基本的な考えに立っている。したがって、ギャンブルも人はそれを追求すればいいのであって、その結果どうなろうとも本人の自己責任だというように理論的に考える傾向があった。

しかし、一〇数年前に家庭裁判所の家事調停委員をするようになって、離婚の調停を担当してから考え方が変わった。

家事調停で離婚の申し立てにあたって、経済問題を理由とするその多くに、夫が家に給料を入れず、家庭が窮乏しているという妻の訴えがあった。女性のケースもまったくないわけではないが、家計に給料を入れないのはほとんどが男性であり、パチンコにはまって何百万円もの借金をつくっている。多重ローンの支払いがかさみ、家計へ回す額が非常に少なくなり、家庭生活が成り立たなくなって、妻から離婚の申し立てを受けているケースが多い。パチンコの顧客のなかには、過重なローンに悩まされているケースも少なくないのである。

パチンコ・パチスロの問題点は、それの依存性とともに、それに費やされる金額の大きさである。

現在、パチンコの客は減少している。それに対して、パチンコの売上額はそれに比例するほどには減少してはいない。客数の減少にもかかわらず、売り上げが増加したときさえもある。

それは客単価が増加しているということだ。パチンコ業界は売り上げと利益の回復を図る必要があると考える。しかし、顧客の減少傾向に歯止めはかからない。若い人にアピールして顧客を呼び込むことにも成功していない。

残された方法は、一人の客がパチンコに消費する額をより多額化させるほかないということである。すなわち、一方で、ギャンブル依存症をなくす、ギャンブル依存症者を減少させるという社会的要請を受け、依存症対策を業界としてスローガンに掲げながらも、他方で、実際には、客をよりギャンブル依存的にするほかない、ということである。

二〇〇一年のパチンコの売上高は約二九兆二四〇〇億円で、遊技人口は約一九三〇万人、平均客単価は約一五二万円であった。翌二〇〇二年に遊技人口は約二一七〇万人を記録したが、その後、減少に転じる。遊技人口は二〇一六年までにピークの二分の一以下に減っている。二〇一六年の遊技人口は約九四〇万人である。

パチンコの売り上げのほうは、二〇〇五年に約三四兆八六〇〇億円を記録したのち、減少に転じる。しかし、売上高はピーク時の約三分の二に留まっている。

経済産業省の元官僚の宇佐美典也によれば、現在、パチンコの客一人が年間に費やす金額は二〇〇万円を超えている。二〇一六年の売り上げは約二一兆六三〇〇億円。平均客単価は約二三〇万円で、二〇〇一年の一・五倍以上となっている。パチンコの客は、より大金を注ぎ込むようになり、依存性を高めていると言うことができる（パチンコの売上高、遊技人口、平均客単価は宇佐美典也『パチンコ利権』ワニブックス、二〇一九年による）。

二〇二二年の給与所得者の平均給与は四五八万円で、男性の平均給与は五六三万円、女性の平均給与は三一四万円。正社員以外の平均給与は二〇一万円であった（国税庁の『民間給与実態統計調査』を用いたが、この統計は、法人の役員など非常に高額の給与所得者を含んでいる。所得については中央値を用いるのがより実態に近く望ましいが、公表されているのは平均値で、中央値よりも高くなることに注意する必要がある）。

パチンコの客が、パチンコに消費する額の収入に占める割合の高さは一目瞭然である。パチンコをするのは男性が多いということで、男性について見てみても、パチンコへの消費額は給与の約四割を占めることになる。

ただしパチンコの売上高は、客が景品を換金して取得する金額を減じていないので、実際の割合はこれより低くなると考えられるが、パチンコをしている人は、その収入の大きな部分をパチンコに注ぎ込んでいることは明らかであろう。非正規雇用の人は、生活費にさえも事欠く状態となる。どうして、このような現状を呈しているパチンコを、健全な娯楽遊技などと言うことができるであろうか。法律的にも問題があり、人々を不幸にする可能性の高いことが警察の実質的な管轄下で行われているのである。

パチンコ業界と関係が深い警察庁出身の国会議員は、次のように述べている。

日本では、パチンコはギャンブルではなく、あくまでも娯楽であるという位置づけである。現実にはギャンブル化しているわけだが。もっとも、いまは大当たりしても景品の上限が一万円だから、この程度なら著しく射幸心《しゃこうしん》を煽《あお》ることにはならないという考え方だ。

（平沢勝栄『警察官僚が見た「日本の警察」』講談社、一九九九年、一三二頁）

しかし、たとえ一つの景品上限が一万円であっても、特殊景品とされるものを複数獲得すれば、数万円に換金される。その額が一時期には数十万円、一〇〇万円に近くになったわけであるから「射幸心を煽ることにはならない」とは言えない。

パチンコの換金率は九〇パーセントを超えるといわれている。パチンコ業界ができたとき、景品に換えるという原則でスタートしたのに、本来のあり方から逸脱して、ほとんどが換金されているわけだ。

（同書、一二六頁）

さらに「あくまで建て前を通すというのなら、換金所はどう考えるのか。換金所というのは、そもそも存在するはずのないものだ」（一二七頁）と警察庁でパチンコを担当する保安課長を務めた国会議員は述べている。

刑法一八五条は、賭博罪について以下のように定めている。

第百八十五条　賭博をした者は、五十万円以下の罰金又は科料に処する。ただし、一時の娯楽に供する物を賭けたにとどまるときは、この限りでない。

また『週刊アエラ』には、一橋大学の福田雅章教授（刑事法）——肩書は当時のもの。

現在は名誉教授——の言葉を引用して、次のような記事が掲載された。

日本の刑法第一八五条で罰している賭博とは、一橋大学の福田雅章教授（刑事法）や有斐閣の『刑法概説（2）各論』などによると、二人以上の人が財物を賭け合い、偶然の支配する勝敗によって、その財物の得喪を決めることだ。

ROM（記憶素子）を用いた近年のパチンコ機の玉の出方は、設計通りの確率による。偶然の支配と言ってもいい。それで大当たりして、少なからざる現金をつかめたら、それは、まさに日本の刑法でいう賭博以外の何物でもない。

二人以上が互いに賭け合わなければ賭博は成立しないが、パチンコも業者と客がいる。両者共に、玉がどう出るかという偶然性に財物の得喪を賭けている。

パチンコ店業者は、そうした賭場を開いている胴元でもあるので、常習賭博、賭博場の開帳を罰する刑法第一八六条も適用されるはずだ。

（一九九六年九月二日号）

ここでは偶然の確率に任せて、景品を出すことさえも禁止されている。ましてや金銭の授受が直接的ではなく、間接的にでも行われることは許されない、ということになる。

しかし風営適正化法（風俗営業等の規制及び業務の適正化等に関する法律）には、以下の規定がある。

第二十三条　第二条第一項第四号の営業（ぱちんこ屋その他政令で定めるものに限る。）を営む者は、前条第一項の規定によるほか、その営業に関し、次に掲げる行為をしてはならない。

一　現金又は有価証券を商品として提供すること。

二　客に提供した商品を買い取ること。

パチンコ店は、上記の二項を守りさえすればいいことになる。すなわち、パチンコ店が、景品を直接買い取ったならば賭博に該当するが、いわゆる「三店方式」に基づけば、パチンコ店は金銭の授受にタッチしておらず、遊技センターにすぎないという主張となるのであろう。

単に、業者が特殊景品を買い取っているだけで、それは景品を出すパチンコ店とは無関係だという体裁を取っている。東京では、景品の買い取り所は、パチンコ店から少し離れたところにある。名古屋では同じ建物の外面の通路に面したところにある。ところが、大

三店方式による換金の仕組み

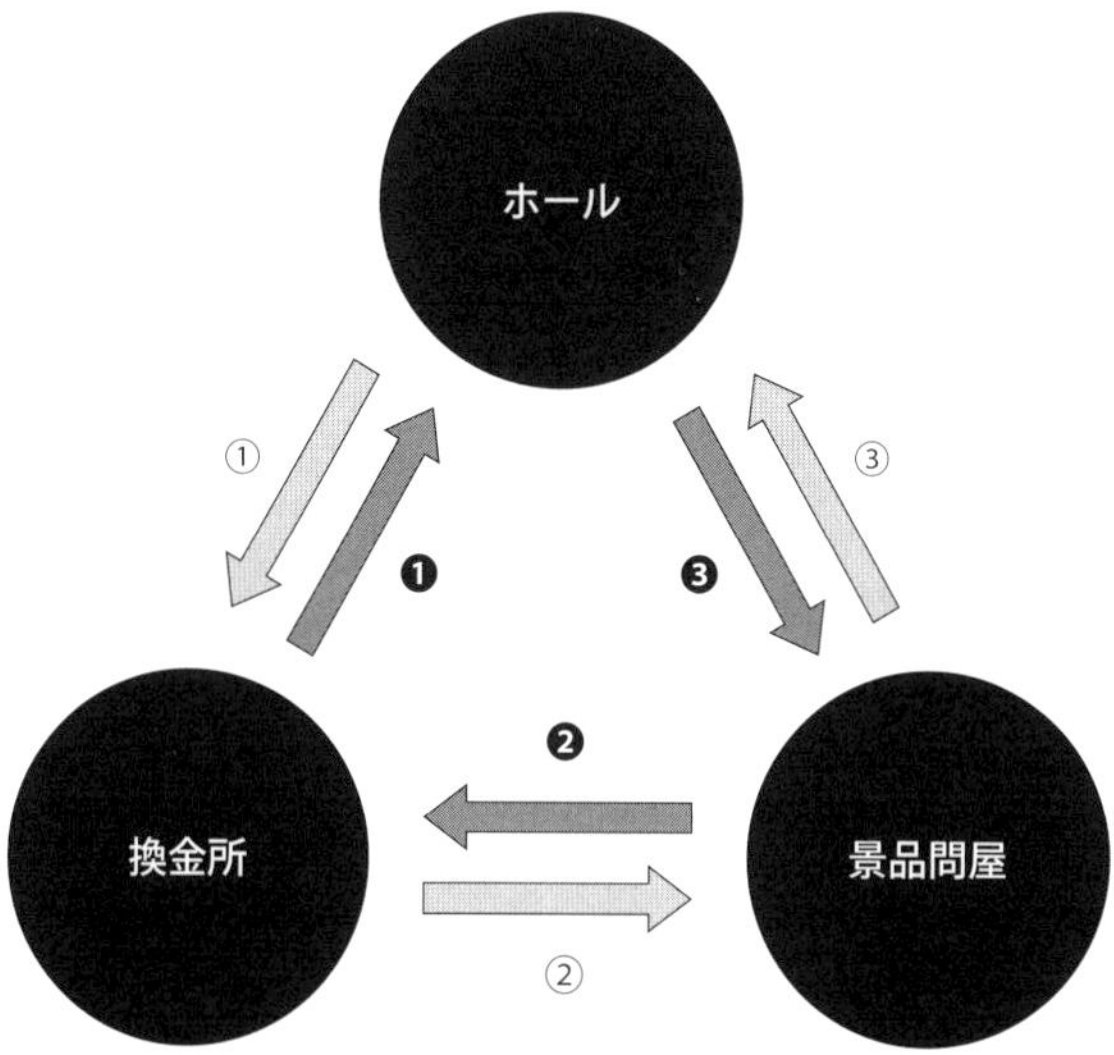

特殊景品の流れ
① お客はホールで手にした特殊景品を換金所で現金化（換金業務）。
② 換金所は特殊景品を景品問屋に渡す（集荷業務）。
③ 景品問屋は特殊景品をホールに納品（卸売業務）。

決済の流れ
❶ 換金所はお客に現金を渡すことでホールとの決済。
❷ 景品問屋は換金所に代金を支払う。
❸ ホールは景品問屋に代金を支払う。

出典：佐藤仁『パチンコの経済学』東洋経済新報社、2007年、135頁

阪ではパチンコ店の店内にある。いずれも、そのパチンコ店の景品を買い取っている。

これは、玉やメダルがいったん別の景品に替えられたのち換金されるというだけの違いで、すなわちワンクッション置いているかどうかの違いだけで、アメリカ合衆国のラスベガスのカジノとほとんど違わない。換金所に買い取られた特殊景品が、会社形態が工夫された景品問屋を経由し、パチンコ店の経営と関連している会社が関与するなどして、支払いが行われて買い取られたりしている。再び、特殊景品の卸業者に戻されるまでには、巧妙な金銭の流れと景品のルートがつくられている。

しかし、この仕組みを一言で言うならば、こうした仕組みこそがマネーロンダリングの基本的構造なのである。

警察が必ずしもこの仕組みを合法と考えていないのは、上記で引用した、警察庁でパチンコに関する業務を担当したキャリア警察官で国会議員になった人物が、「換金所というのは、そもそも存在するはずのないものだ」と述べていることからも明らかだ。さらに、この三店方式が合法であるならば、パチンコ・パチスロ以外の業界にも認めることができるし、申請されれば認可することが必要になるが、他の業界には絶対に認めていないことからもよく分かるだろう。

一般にはほとんど知られていないが、東京では、東京商業流通組合（TSR）と東京ユニオンサーキュレーション株式会社（ＴＵＣ）という二つの機関が、警視庁の行政指導によりパチンコの景品業者の組合として設立されている。そこには警視庁等で要職を占めていた警察官が天下って、専務理事等として運営を取り仕切っている。

団体幹部が警察ＯＢで占められたことへの罪

警察のパチンコ業界への関与については、パチスロの認可の歴史に顕著に表れている。一台当たりの利用金額がパチンコよりも多いパチスロは、一九八〇年に東京都公安委員会が、八一年に大阪府公安委員会が風俗営業の許可を出した。

パチスロのメーカーは日本電動式遊技機工業協同組合（日電協）という団体をつくって、風俗営業の許可を得る働きかけをしており、その団体の幹部は警察庁や警視庁のＯＢで占められていた。

理事長	元高知県警本部長、警視庁防犯部長・吉武辰雄
専務理事	元山形県警本部長、警察大学校交通教養部長・柿内正憲
事務局長	元関東管区警察局外事課長・田所修
事務局次長	元警視庁王子署長・伊藤正泰

技術部長　元四国管区警察局通信部長・石川郁夫
大阪事務所長　元近畿管区警察局通信庶務課長・宮川崎治
そして顧問が、元警察庁長官で、現中曽根内閣の官房長官・後藤田正晴（入閣時点で顧問を辞任）。

（読売新聞大阪社会部『警官汚職』角川書店、一九八四年、二五五―二五六頁）

この本には、さらに次のことが記されている。

しかもこの組合の理事長・吉武辰雄は、ロッキード事件の刑事被告人・児玉誉士夫が筆頭株主となっている、双栄運輸造船株式会社（東京都千代田区外神田四）の会長を兼任、この会社のビルに組合事務所を置いていた。

（同書、二五六頁）

一九九五年、警察庁はパチンコにプリペイドカードの導入を図った。
現金商売で、収入や支出が捕捉できないパチンコホールの収支を把握することを目的としていた。パチンコ店の収入が海外に流出しているのではないかと考えられ、それを防止するという意図があった。

しかし、その過程で、警察庁は二つの誤りを犯した。

第一は、導入の立役者の警察キャリアがその誤りを認めているように、犯罪を取り締まるはずのカードが犯罪の温床となり、七〇〇億円近い金が闇の世界へと流れたとされる。つまり偽造が容易なカードを導入し、偽造カードが出回ったということである。偽造カードの使用は、パチンコ店にとっては、懐は痛まず、むしろ売り上げを伸ばすだけである。カードによって利用された料金はカード会社に請求しさえすればいい。

規制するためのカードの導入がかえって、巨額の犯罪を生むことになった。警察庁の音頭取りでカード会社の設立に参加した三菱商事は、多額の損失金を計上して撤退した。カード会社は統廃合され、別の業者が運営して、現在に至っている。

第二に、カードの導入において、導入されるカード読み取り機の費用負担の問題が生じた。カード読み取り機能を持った機種――CR機と呼ばれる――を導入させるにあたって、高額となるその機種の費用をパチンコホールが捻出できるようにするために、現金機ではなく、カード読み取り機能を持ったCR機の当たりの確率を高めることが黙過《もっか》された。一攫千金の大当たりを狙って多額の金を注ぎ込む客を引きつけた。

CR機の導入は一九九二年頃に始まったが、九七年にCR機として射幸性の高いパチンスロ四号機が導入された。その際、CR機すなわちプリペイドカード仕様のパチスロ機を普及させるために、CR機の当たりの額を高く設定し、連続して多額のコインが出るように設定したパチスロ四号機が保安通信協会（保通協）の検査を通ったと言われている。

CR機の利用者は、数万円の投資で二〇万円程度を儲けることは珍しくなく、一日で一〇〇万円も儲かることがあったと言われている。

だが、あまりにギャンブル性が高かったため、撤去することになった。二〇〇七年九月にようやく四号機の撤去が完了した。

この間、二〇〇二年には、最大手のパチスロメーカーの一つであるアルゼ――現在、ユニバーサルエンターテインメント――に、警視総監であった前田健治が顧問として就任している。二〇〇四年には、同じくアルゼに元中国管区警察局長であり国会議員の阿南一成が特別顧問として迎えられ、その後、時を経ずして社長になった。ただし、一年四か月足らずにして、耐震偽装問題へ関与したとされたことから辞任するに至った。

高額に換金できるコインが一挙に獲得できるパチスロのCR機に魅了された客が、自分の子どもをパチンコ・パチスロ店の駐車場の車中に置き去りにし、子どもが熱中症で死亡するという事件が相次いだ。

パチンコ店の駐車場での置き去りによる子どもの死亡者数は、三人（一九九八年）、六人（一九九九年）、五人（二〇〇〇年）、四人（二〇〇一年）であった。その後、二〇〇八年から一八年までの一一年間では八人いたとされている。

パチスロのCR機が射幸性が高いと批判され、パチンコ店の駐車場で車内に置き去りにされた子どもの死亡が社会問題化しているなかで、なぜ元警視総監がパチスロメーカーの最大手の一つに天下ったのか理解しがたい。なお批判を受けてパチンコ店が、駐車場のパトロールを行うようになり、それに伴って死亡する幼児は減少したと言われている。

しかし、パチンコ店駐車場の車のなかに子どもを置きにくくなった客は、自宅へ子どもを置き去りにしてパチンコをするようになった。これは、現在も続いている。たとえば二〇二三年一〇月、名古屋市で一日一二時間、四日間連続で三歳と五歳の娘を自宅マンションに置き去りにしてパチスロをしていた父親が、保護責任者遺棄の容疑で逮捕された（「幼児2人を放置　容疑の父親逮捕　名古屋、パチスロ目的」読売新聞、二〇二三年一〇月五日）。

後発であるにもかかわらず、パチスロは二〇一七年には台数シェアで三七％に成長し、売り上げシェアでは四七％を占め、粗利でも四四％を占めている。台の入れ替え時には、二〇一〇年からパチンコからパチスロへの移行が継続している（『DK-sis 白書　二〇一八年版』ダイコク電機株式会社、二〇一八年)。

警察庁の保安課長は、パチスロについて、当初、認可することになるとは考えていなかったという。

後藤田正晴が「ミスター警視庁といわれた大変りっぱな人」(前掲『警官汚職』、二八五頁)と呼んだ元警察官僚たちによって認可に至り、その後、警察庁の保安部、生活安全局及び警察OBによって支えられているパチスロとパチンコは、IR(統合型リゾート)の開設ともからんで、今後どのような展開を見せ、人々の生活にどのような影響を与えるのだろうか。

5 天下りはパチンコ業界に留まらない

日本を代表する企業にも

先に引用した警察官僚出身で、警察官僚としてもパチンコ業界に深く携わっていた国会議員が認めているように、パチンコは合法だと明言することができない面を持っているという。さらにパチンコ・パチスロは賭博に該当し、違法と言い切る刑法学者もいる。

パチンコ機の型式の検定は、警察幹部が天下っている財団法人が行っている。獲得したパチンコ玉やパチスロのコインを現金に交換する過程で、鍵となる役割を果たす特殊景品の販売と流通に警察の元中堅幹部が深くコミットしていた。先にも述べたが、パチンコに熱中するあまり、乳幼児を駐車場の車のなかに置いたままにして、死亡させてしまう事件が起きたり、サラ金から多額の借金を抱えて家庭を崩壊させた者もいる。

こうした要素を持つ業界に警察幹部が天下ることは、逸脱行動に該当する可能性が高いということで、すでに紹介した。

しかし、警察のエリート官僚は、退職後にその他の業界や団体に広く就職している。銀行、保険、証券会社などの金融業は言うまでもない。電通や博報堂などの広告業、ゼネコンなどの建築業、富士通などの通信機器・情報産業、不動産業、日本郵便、日立をはじめとする日本を代表するメーカーや企業である（なお、天下りの問題点はすでに戦前から指摘されている。清澤洌「事務官僚の跳梁　民間への官吏賣り込みを禁絶せよ」『改造』第一八巻四号、一九三六年）。

一九八一年に商法が改正された。それまで企業は、株主総会を円滑に終了させるために、総会屋に金を払っていたが、そうした行為が禁止され、処罰規定も設けられた。総会屋に代替する機能を果たすものとして、またコンプライアンスを遵守するという趣旨から警察の退職者を一般企業が採用するようになったのだろう。

利害のある分野への天下り

従来からの警察の領域である、交通と防犯の分野に天下る者も多い。

交通関係では、天下りの対象としては財団のウェイトが大きいように見受けられる。その財団として、日本自動車連盟（JAF）、全日本交通安全協会、交通事故総合分析センター、日本道路交通情報センター、全日本指定自動車教習所協会連合会、空港保安事業センター、全国二輪車安全普及協会、日本自動車交通安全用品協会、道路交通情報通信システムセンター、新交通管理システム協会、日本交通管理技術協会、全国ハイヤー・タクシー連合会、東京ハイヤー・タクシー協会、などの財団法人や社団法人の理事長や専務理事、常務理事として天下っている。

高橋幹夫警察庁長官は日本自動車連盟（JAF）に天下り、その理事長を一五年間にわたって務めた。毎年、多額の報酬を受けていたが、死亡退職にあたっては「JAFから一〇億円近い巨額の退職金を受け取ったことが報じられ、今度は世間を呆れさせた」（前掲『闇の盾』一七三頁）。

また、各都道府県や各警察署の交通安全協会は退職警察官の重要な受け入れ先ともなっている。各都道府県の交通安全協会は自動車運転免許に関わる事務手続きや講習などを委託されている。各県にある指定自動車教習所の協会や指定自動車教習所の所長、各県にあるタクシー・ハイヤー協会へ天下る都道府県警察本部や警察署の幹部警察官もいる。

交通に関連する企業としては、トヨタ自動車などの自動車メーカー、ヤナセなどの自動車販売業、JRなどの鉄道・交通業へ天下る（バスと接触事故を起こしたら、バスのほうが無理な車線変更や割り込みをしてきたにもかかわらず、バス会社の〈警察から天下ってきた〉事故担当者が飛んできて、自分のほうが悪いことにされてしまった、という一般の運転者のぼやきはしばしば聞く）。

さらに、道路交通情報通信システムセンター、新交通管理システム協会、日本交通管理技術協会などの協会から、情報産業との関係が浮かび上がるが、富士通、三菱電機などの情報機器産業への就職もある。

交通関係として警察に特徴的なのは、信号機の設計やメインテナンスがある。たとえば「東管」という会社には、警察庁として警視監ナンバー3の地位だと言われる警察大学校長で退官した後、JR東海の監査役や道路交通情報通信システムセンターの専務理事を務めた全日本交通安全協会の評議員が、特別顧問になっている。

株式会社となっている各地の空港への天下りもある。なお、キャリア幹部が天下る保険業のなかでも、自動車保険関係が強い保険会社は、交通に関連する企業と言ってもいいのかもしれない。

また、警備業界の警察キャリアの受け入れも顕著である。警備会社の最大手はセコムで、二〇二二年度では、警察庁長官官房付を本社の顧問に、県警察学校長をその県を含む地方本部の顧問に迎え入れている。前年には、北海道警察の参事官をセコムの北海道本部の顧問に迎えている。

現在、取締役に警察関係者はおらず、監事に元警視総監がいる。この元警視総監は、JAF会長及び全日本指定自動車教習所協会連合会代表理事、保険相互会社嘱託、さらにパチスロなどのゲーム機メーカーのコナミの監査役も務めており、警察が利権を持つとされる交通、防犯、風俗という三領域すべてで役職を得たと言うことができよう。

警備業界の第二位は、綜合警備保障（ALSOK）である。警備会社は全国に一万社以上あると思われるが、セコムと綜合警備保障だけで売り上げの四割以上を占めると言われている。業界第一位のセコムの売上高は一兆円を超え、業界第二位の綜合警備保障の売上高は約五〇〇〇億円である。これに対して、三位であるセントラル警備保障は約七〇〇億円にすぎない（『会社四季報』東洋経済新報社、二〇二二年、などによる）。

　綜合警備保障は、そもそも警察官僚によって創設された会社である。創始者の村井順は、「内閣総理大臣官房調査室」を設立し、一九六四年に東京オリンピック組織委員会事務局へ次長として出向したおりに、今後の警備会社の需要と発展を実感したという。警察庁九州管区警察局長で退職したのち警備会社を興した。

　長男が社長を継いだのち、中部管区警察局長で退職した警察官僚が迎えられ、社長を約六年務めた。なお、この社長となった警察官僚の弟も警察官僚で、警察庁長官の後に内閣官房副長官になった。綜合警備保障と警察庁との契約に関して、兄弟の関係がマスメディアの話題になったこともあった。

　じつは、創設者の次男も警察官僚であった。複数の県警本部長を務めたのち中部管区警察局長で退職し、預金保険機構理事を一年務めた後、綜合警備保障へ入社し、社長に就いた。この社長が招いた官僚が次の社長になった。彼は大蔵省に入省し、財務省関税局長を務めた財務官僚だが、和歌山県警本部長を務めた経歴を持つ。常務として迎えられた後、四年後に社長になり一〇年間社長を務めた。

　セコムと比較すると、綜合警備保障は、創始者とその子が警察官僚であるとともに、警察官僚を積極的に役員として迎え入れており、警察官僚や県警本部長経験者が社長を務めてきたという特徴がある。

二〇〇六年に駐車監視業務（駐車違反などの取り締まり）が民営化された際、綜合警備保障は東京都内の数か所の警察署管内を請け負った。しかし、その後は引き受けているようには見えない。受託は入札制度によっており、二人の巡視員による巡回の仕事で、人件費がかかり、利益が上がらないため撤退したものと推定される。

一方セコムは、人を張り付けたり、巡回させたり、常駐させたりする警備から手を引き、CCTVなどの機械監視へと舵を切った。さらにセンサーを組み込んだり、入退室管理と連動させたりして、異常通報があった場合にのみ警備員が駆け付ける、という省力化した機械警備を発展させようとしている。そのため、こうした原初的な手間暇がかかって儲からない駐車違反取り締まり業務には見向きもしなかったものと考えられる。

じつは、この駐車監視業務の民間移管は、その企画が発表された当初から、大量に定年退職する警察官の再雇用先を確保するためではないかと言われていた。あえて言うならば、落札した企業は、儲けるためではなく、退職警察官を救済するために儲からない仕事を受託したという、逆説的な見方も可能と思われる。

セコムは先見の明を持って対処してきた。その一端が二〇一六年に国際調査報道ジャーナリスト連合連盟（ICIJ）によって公開された「パナマ文書」に示されている。

そこには、一九九〇年代、セコムの創設者で最高顧問の飯田亮は、まだ六〇歳代の前半と推定される時期にタックスヘイブンを利用したことが記されている。共同創設者とともに、クレディ・スイス銀行と契約し、自分の会社の持ち株が自分の死亡時に相続税を課せられないで、自分の遺族に渡るようにあらかじめ手配した。約七〇〇億円の株を英領バージン諸島にある会社の所有に移し、親族に譲渡する手続きをした。

飯田は二〇二三年一月に八九歳で死亡した。六月の株主総会を前に公表されたIR報告書には、社長である娘婿の持ち株三〇万株とともに、飯田の持ち株として四二四万株の数値が示され、注に「飯田亮氏は二〇二三年一月七日に逝去いたしましたが、二〇二三年三月三一日現在、名義変更手続きが未了のため、株主名簿上の名義で記載しております」と記されている。株の帰趨《きすう》が注目される。

それにしても、日本の最も優れた実業家の一人として、単に警備だけではなく、安心して生活できる環境を社会の人々に提供するという企業理念を雄弁に語ってきた飯田亮は、その企業活動でいったい何をしてきたのか。さらに、その企業の発展に助力してきた警察官僚は、いったい何のためにそれをしてきたのだろうか。

第2章　二の足を踏む検察

1 検察官も一公務員なのか

最も大きな権限を持つのは検察官

犯罪者の処罰で、実質的に最も大きな権限を持っているのは、じつは検察官である。

検察庁は、複数の地方検察庁に設けられている特別捜査部（特捜部）を除いて、直接捜査には携わらないが、犯罪の被疑者を裁判所に起訴する権限を持っている。警察から送られてきた事件に関して、被疑者を起訴して処罰するかどうかを決定する。

犯罪の嫌疑が十分に証明された証拠がないと考えれば不起訴にするし、処罰するに値しないと考えれば起訴猶予にする。警察の取り調べた内容と証拠を再確認し、起訴に値すると考えられる事件については調書を取り直して、裁判所に起訴する。

日本では警察は起訴する権限を持っていない。起訴する権限を検察庁が独占的に持っていることを「起訴独占主義」と呼ぶ。

警察から検察庁へ送致された事件のうち、起訴され通常の裁判が行われるのは約一割にすぎない。起訴には違いないが、事実関係について争いがなく罰金を支払って終了する略式起訴と合わせても、起訴されるのは約三割である。不起訴と起訴猶予は合わせて六割を超える（二〇二一年）。このように、起訴するかしないかを決定する権限は検察官が持っている。これを「起訴便宜主義」と言う。

起訴して裁判になれば、検察は最終段階で求刑を行う。これが判決の量刑のガイドラインとなる。検察官は求刑することによって、実質的に裁判官が下す判決を決めていると言っても過言ではない。最近では、「求刑」を「意見」と呼び替えているが、呼び名を変えてもこのことは変わらない。過去の求刑のデータの蓄積に基づいて作成された基準で求刑を行うのである。

検察官は単に重罰を求めているわけではない。求刑を超えた刑罰を科されることは好まない。じつは、裁判官や裁判員に勝手に刑期を加重されるのは迷惑と考えている。量刑の基準から逸脱することになるからだ。また、公判担当の検察官にとって、求刑が妥当であったかという責任問題を発生させることにもなるからだ。裁判官は求刑の八割程度の刑期を言い渡すことが相場となっており、こうした点からも刑事裁判を実質的に掌握しているのは検察官だと言ってもいいだろう。

検察官は法廷で被告人の責任を厳しく問う役割を果たしているが、検察官が罪を犯さないわけではない。殺人や強盗を除いて、非常に多様な種類の「犯罪」を行っているのだ。

「ミスター検察」とまで言われたが

以下の引用文に示されているような犯罪を二度まで行った検察官は、その後どうなったのだろうか。引用文の次に示す八つの選択肢から選んでみよう。

六〇年の晩秋、大阪・北浜の弁護士事務所で、厳格だが面倒見がよいとされるB弁護士がこう言った。

「I君には駆け出しのころの思い出がある。東京地検の宿直室に泊っていると、夜遅く警察電話が鳴った。若い事務官の応対を聞いていると〝I？ そんな検事はいませんよ〟と言う。〝ちょっと待て〟と制して名簿を繰ると、末席にいるんだな。あわてて用件を聞き直すと、相手は〝住民から、生け垣をかきわけて庭へ侵入した者がいる、と急報があった。酔漢を保護し本署へ同行したら、検事だと言うので照会に及んだ〟と答える。みなまで言わせず、私は〝わかった。すぐ伺う〟と、車で渋谷署へ急行、その場をおさめ、彼と一緒に地検へ引き揚げた。何か勘違いがあり、記憶もハッキリしないようだった。その晩は宿直室に泊めたが、馬場義続次席検事は規律に厳格で、I君は新人だ。成り行きでは、気の毒なことになりかねない。そこで『あすは朝早く出て、馬場さんの出勤を事務局で待ち受け、今夜の事実を報告して素直に詫びるのだ。間違っても、言い訳をするな』と〝作戦〟を授けた。翌朝は早く起こして朝食をとらせ、激励して送り出した。彼は上手に謝ったのだろう。いらい、馬場さんのお気に入りになった。だが、彼はそれで懲りず、そのあとで、もう一度Sさん（後に検事長）のご厄介になったそうだ。（後略）」

（澤田東洋男『検察を斬る』図書出版社、一九八八年、二一八―二一九頁）

＊なお、当事者の固有名詞をイニシャルへ変更した。

〔選択肢〕

a　二回目に同様の犯罪を行った際に、懲戒免職になった。

b　二回目に同様の犯罪を行った際に休職処分となり、辞職願を提出した。そのため退職金を得て退職した。

c　三回目に同様の犯罪を行った際に、懲戒免職になった。

d　検察官として出世はせず、地方検察庁の長である検事正などの役職には就かないで定年を迎えた。

e　地方検察庁の検事正となって定年退職した。

f　地方検察庁の検事正をしていたときに、飲酒の上、今度は他人の民家の屋内に入り込み、懲戒免職となった。

g　高等裁判所の検事長になって退職した。

h　検事総長になった。

このように飲酒して、他人の家の庭に勝手に入り込むような酒癖の悪い検察官は辞めさせたほうがいい。きちんと起訴して刑事罰を与えるべきだ。その後もまた同じことをしたというのだから、初回のときに厳しく処分しておくべきだった……。

多くの読者は、このように考えているのではないだろうか。

しかし、もしこの検察官をそのように処分していたら、ロッキード事件の田中角栄元首相に対する有罪判決はなかったかもしれない。正解は〝h〟である。

この検察官は、じつは、のちに検事総長となる伊藤栄樹である。

伊藤栄樹は、田中角栄元首相を有罪へと導いた検察庁の逮捕取り調べ時の刑事局長であり、中心的な役割を担った検察官である。有罪の一審判決を受けた際の最高検察庁の次長検事であり、控訴審では検察庁の最高位の検事総長となっていた。

彼が、その能力を見込まれて東京地検特捜部を経験し、その後、検事総長まで昇りつめる人材でなかったならば、ロッキード事件の公判を維持することはできなかったであろう。仮に、この侵入事件で処分されていたならば、日本の歴史が変わった可能性は十分にある。田中角栄に立場が近かった秦野章法務大臣は、伊藤栄樹が検事総長になることを阻止しようと策を尽くしたが果たせなかったという逸話もある。

伊藤栄樹は「ミスター検察」とまで言われ、検事総長就任時には「巨悪は眠らせるな」――「巨悪は眠らせない」として知られている――という名言を残した。

しかし「巨悪」を逃してしまうことはなかったろうか。「巨悪」だと思って追及したものが、じつは、結果として「小悪」だったということはないだろうか……。

首相級は巨悪だという答えが返ってくるだろう。さらに金権選挙批判、金権選挙を退治するという名分も返ってきただろう。

だが当初から、この事件に関して、ロッキード社による売り込みは、田中角栄が関与したとされる民間航空機であるトライスターではなく、自衛隊のＰＸＬ（次期対潜哨戒機）をめぐるＰ－３Ｃ対潜哨戒機の売り込みのほうがメインではないかと指摘されていた。

元共同通信社ワシントン支局長の春名幹男が、アメリカ合衆国の国立公文書館等で解禁された文書を調査した。当時のキッシンジャー国務長官がニクソン大統領へ、田中首相を信頼できない人物であるとして告げ、排斥しようとしていたことが明らかになった。ニクソン大統領も、一国の首相である田中角栄に対して侮蔑的で失礼な発話をしている。とりわけ田中角栄がアメリカ合衆国に先んじて日中国交正常化を成立させたことがキッシンジャー国務長官の逆鱗《げきりん》に触れたとのことである（春名幹男『ロッキード疑獄　角栄ヲ葬リ巨悪ヲ逃ス』KADOKAWA、二〇二〇年）。

そもそもロッキード事件に児玉誉士夫がフィクサー（黒幕）として関与していたのであれば、児玉誉士夫は田中角栄ではなく岸信介元首相と――「刎頸《ふんけい》の友」と言えるほどかどうかは別として――非常に懇意であり、一九六〇年安保のときには、岸の要請を受けて右翼や今で言う暴力団を組織して日米安全保障条約の継続に反対するデモ隊へ対抗しようとしたほどの関係である。国防に関しても共通の認識を持っており、防衛予算にも明るい。

先に簡潔に触れたが、伊藤栄樹は、ロッキード事件に関して田中角栄元首相の逮捕・起訴にあたり、裁判の開始時には法務省刑事局長の要職にあり、捜査の進展と裁判で有罪の立証に寄与した。田中角栄が東京地方裁判所で懲役四年の実刑の有罪判決を受けた際には、最高検察庁の次長検事であった。さらに東京高等裁判所で公訴棄却の判決が下りた際には検事総長であった。

一貫してロッキード事件とともに検察官の経歴を重ね、トップまで昇りつめた。確かに、いわゆる金権選挙を行ったとされる政権党の最大派閥の領袖《りょうしゅう》である元首相に対して、有罪の実刑判決へ導いたという意味では、この言葉は妥当なのかもしれない。しかし、春名が指摘するように、より大きな「巨悪」を逃して眠らせるとともに、日本の独自外交を頓《とん》挫《ざ》させ、他国に追従し、その支配に甘んじるという結果をもたらしたというように見ることもできるだろう。

また、伊藤栄樹が検事総長だったときに、特捜部の検事たちが、政治家に対する捜査をストップされたことを不満とし、抗議の辞職を行ったこともあった。

伊藤栄樹は、検事総長の退官後に新聞に連載し、その後に出版された本のなかで、「おとぎ話」を述べている。非常に意味深長で、興味深い内容であろう。

その国の警察は、清潔かつ能率的であるが、指導者が若いせいか、大義のためには小事にこだわらぬといった空気がある。そんなことから、警察の一部門で、治安維持の完全を期するために、法律に触れる手段を継続的にとってきたが、ある日、これが検察に見付かり、検察は捜査を開始した。

やがて、警察の末端実行部隊が判明した。ここで、この国の検察トップは考えた。末端部隊による実行の裏には、警察のトップ以下の指示ないし許可があるものと思われる。末端の者だけを処罰したのでは、正義に反する。さりとて、これから指揮系統を次第に遡《さかのぼ》って、次々と検挙してトップにまで至ろうとすれば、問題の部門だけでなく、警察全体が抵抗するだろう。その場合、検察は、警察に勝てるか。どうも必ず勝てるとはいえなさそうだ。勝てたとしても、双方に大きなしこりが残り、治安維持上困った事態になるおそれがある。

それでは、警察のトップに説いてみよう。目的のいかんを問わず、警察活動に違法な手段をとることは、すべきでないと思わないか。どうしてもそういう手段をとる必要があるのなら、それを可能にする法律をつくったらよかろう、と。

結局、この国では、警察が、違法な手段は今後一切とらないことを誓い、その保障手段も示したところから、事件は、一人の起訴者も出さないで終わってしまった。検察のトップは、これが国民のためにベストな別れであったといっていたそうである。

こういうおとぎ話。

（伊藤栄樹『秋霜烈日　検事総長の回想』朝日新聞社、一九八八年、一六五―一六六頁）

これは、伊藤栄樹が検事総長をしているときに発生した、ある政党の国際局長自宅の電話を警察が盗聴していたという事件である。

検察庁が盗聴の実行犯を訴追しないため、被害にあった国際局長が損害賠償の民事訴訟を行ったところ、その事実が認定されて、国及び県は数百万円の損害賠償を支払うという命令がなされた。それを受けて、国際局長が実行犯とされる者を電気通信事業法違反、有線電気通信法違反、偽計業務妨害罪及び公務員職権濫用罪で検察庁に告訴した。

しかし検察庁は、実行犯を特定して取り調べを行った結果、電気通信事業法違反については起訴猶予、有線電気通信法違反については嫌疑不十分、偽計業務妨害罪及び公務員職権濫用罪については嫌疑なしとし、不起訴処分とした。

その理由について、他の政党の国会議員が衆議院に提出した質問主意書に対する回答書――回答者名は当時の総理大臣となる――において、以下のように説明している。

これらのうち、電気通信事業法違反については、同検察庁検察官は、被疑者両名による通信の秘密侵害の未遂の事実を認めたが、被疑者両名は個人的利欲に基づいて本件を犯したものではないこと、被疑者両名が本件の首謀者ないし責任者的立場にあるとは認め難いこと、警察において、本件につき深く遺憾の意を表するとともに、かかる事態の再発防止に努めることを誓約するなどしており、今後本件のような事犯が発生しないことを期待し得ること等の諸事情を総合勘案して、起訴を猶予するのが相当と判断したものである。

また、有線電気通信法違反については、被疑者両名が電話線を切断するなどして通信を妨害したと認めるには至らなかったことから、犯罪の嫌疑が不十分であり、偽計業務妨害罪については、被疑者両名の行為がO氏による電話の通話及びこれを利用してなされる業務を妨害するようなものであったとは認められないことから、犯罪の嫌疑がなく、公務員職権濫用罪については、被疑者両名の盗聴行為は、警察官によるものであることを他人に察知されないようになされたものであって、公務員の職権行使の外観を装って行われたものではない上、通信を妨害しようとしてなされたものでもないので、犯罪の嫌疑がないと判断し、それぞれ嫌疑不十分又は嫌疑なしを理由とする不起訴処分をしている。

（平成十年三月二十七日受領、答弁第一七号　内閣衆質一四二第一七号　平成十年三月二十七日内閣総理大臣　衆議院議長殿「衆議院議員H君提出N党幹部宅盗聴事件の事実認定と責任所在などに関する質問に対する答弁書」）

＊なお、引用にあたって固有名詞はイニシャルとした。

この論理でいけば、電気通信事業法違反に関して、公務員によって通信の秘密侵害の未遂があったことは認める。

しかし、盗聴は、ある行政機関が組織決定の下に行ったものであり、組織的ゆえに、自己の私欲のためにしたわけでもないので、電気通信事業法違反によって処罰するのはふさわしくない。当該機関が「深く遺憾の意を表」し、「再発防止に努めることを誓約するなどして」いるので、起訴猶予とすることになる。

有線電気通信法違反については、同検察庁検察官は、盗聴行為をしても、電話を聞き取りにくくするなど通話を妨害していないので有線電気通信法に違反しない。警察官の制服など公務員として分かる外見で、この盗聴行為を行ったわけではないので、偽計業務妨害や公務員職権濫用にはならない、ということになる。

国家権力によって、憲法で保障されている通信の秘密が侵害されたと言ってもよい行為がなされたにもかかわらず、この行為は行政機関が組織決定の下に組織的に行ったものなので、処罰には値しないとされた。

個人が自己の利益のために行ったならば処罰の対象となるが、国家の社会統制機関が、組織決定によって組織的に行った場合は、処罰の対象とならないということになる。個人によるものよりもはるかに重大な影響と結果をもたらす、国家の正当性を揺るがす、それほどの巨悪と考えられる社会統制機関の犯罪を眠らせてしまった、とも言えよう。

なお、先の「おとぎ話」のなかでは、「どうしてもそういう手段をとる必要があるのなら、それを可能にする法律をつくったらよかろう」と語られていることに関して、その法律の制定のために自ら議員のところへ出向いて説明するなどの尽力をして成立させたのが、制定当時に法務省の事務次官であり、のちに検事総長となる原田明夫であった。

伊藤栄樹検事総長の公安警察への対応策は功を奏しただろうか。「違法な手段は今後一切とらないことを誓い、その保障手段も示した」という、その誓いと約束は守られているだろうか。残念ながら、事態はそうはなっていないように思われる。検察は今日に至るも公安をコントロールできない。そのことは最近起きた次の事件が象徴している。

検察官と警察官——ある事件の捏造から見えたもの

神奈川県にある噴霧乾燥機のメーカー(O化工機)が提起した民事裁判で、二〇二三年一二月、東京地方裁判所は、警察庁の逮捕及び取り調べ並びに検察庁による拘留請求と起訴が違法であったと認定し、東京都と国に約一億六〇〇〇万円の賠償を命じる判決を下した。この裁判の審理では、警察庁公安部の警部補が証人として出廷し、自分が担当した事件が「捏造《ねつぞう》」であったと証言した(マスメディアによって、捏造の跡づけが行われたが、民事裁判の判決ではそこまでは言及されなかった)。なお国と都は、この判決を不服として控訴し、それを受けて原告側も控訴した。

この民事事件は、以下の刑事事件を発端としている。

Ｏ化工機の社長、顧問、取締役を警視庁公安部が逮捕し、東京地検が起訴したものの、初公判の四日前に起訴を取り消すという異例の事態となった。三人の被告は、生物兵器に転用できる機械を経済産業大臣の許可なく中国へ輸出したという容疑で、外国為替及び外国貿易法違反で起訴されていた。

問題となったのは噴霧乾燥機と呼ばれるもので、容器のなかで液体に熱風を与えて飛ばすことによって瞬間的に粉末にする機械である。液体のコーヒーからインスタントコーヒーをつくったり、ヨーグルトを乳酸菌が生きたままの状態で粉末にしたり、化学物質を粉末にするのに使用されたりする。これが生物兵器の製造に転用できるのではないかとされた。

そもそも経済安全保障が注目され、国際的な取り決めが行われる一環として、輸出する場合に経済産業省（経産省）が許可を出すための基準がつくられている。認可を得ることが必要になる基準として、「定置した状態で内部の滅菌または殺菌ができるもの」が設けられた。なぜならば、これができないと、生物兵器製造の段階で、製造者が有毒物質の飛沫に汚染されて自ら害を被り、重病や重症になったり、死亡したりするためである。

O化工機の経営者に対して、二〇一七年五月頃から任意の取り調べが始まった。会社関係者約五〇名に対して、延べ二六三回に及ぶ聴取が行われ、これに会社側は協力した。二〇一八年一〇月、警視庁公安部はO化工機の本社や社長宅を家宅捜索した。

二〇二〇年三月上旬、社長、顧問及び取締役を逮捕した。続いて三月下旬に起訴し、さらに五月に再逮捕し、六月に追起訴した。

社長と取締役は一一か月にわたって勾留された。七〇歳を超えた顧問は、二〇二〇年七月に東京拘置所に移されたが、九月下旬に貧血で倒れ、輸血を受けた。保釈を申請したが却下され、拘置所内の医師から一〇月初旬に胃の幽門に腫瘍があるという診断を受けた。

再度保釈を申請したが認められず、一〇月一六日、午前八時から午後四時まで一時勾留停止が認められた。外部の大学病院で検査を受けたところ、かなり大きな悪性腫瘍が胃の幽門にあることが確認された。大学病院は勾留執行停止状態での入院・手術を受け入れなかったため、保釈請求したが認められなかった。

勾留執行停止状態でも入院・手術の受け入れ可能な病院を探し、二〇二〇年一一月上旬、勾留執行停止状態で入院した。しかし、すでに手遅れになっており、体力もないため手術をすることはできず、二〇二一年二月初旬に死亡した。

社長と取締役は、いったんは保釈決定を得ながら、検察の準抗告によって保釈決定が取り消されるなどの経緯を経て、二〇二一年二月に保釈が認められた。それは、顧問が死亡する二日前であった。しかし、保釈にあたっては、他の社員及び会社との接触が禁止されていたため、生前に顧問に会うことはできなかった。

初公判は二〇二一年七月に予定されていた。しかし、その四日前に起訴が取り消された。これは東京地方裁判所が検察に命じていた、公安部と経産省とのやり取りを記した捜査メモを裁判所に提出する期限日であった。

噴霧乾燥機の実験に立ち会ったB警部補から、約三〇人の捜査チームを指揮する公安部外事第一課の第五係の係長であるX警部に、この噴霧乾燥機では装置内の温度を均一に最高温度まで上げることはできないため、菌を完全に殺すことはできず、したがって生物兵器を製造することは不可能だということが伝えられた。しかし、係長はそれを受け入れず、むしろ立件に不利な捜査メモは共有しないように指示した。

経産省の担当検査官は、当該の噴霧乾燥機は輸出を禁じる機械には該当しない旨を回答していた。しかし、第五係のX警部は警視庁公安部長から経産省に圧力をかけさせ、経産省の検査官の上司の課長補佐から家宅捜索を行う了承を得た（このことを第五係の捜査官である警部補は証言しているが、係長のX警部は否定している）。

経産省の課長補佐は、同種の機械は過去に一件のみ申請されて許可が出されていることから分かるように、この機械はそもそも許可申請が必要な機械ではないことを示唆し、家宅捜索にあたっては別の件で立件してもらいたいという要望を伝えるほどであった。さらに、家宅捜索による押収物を精査したが有罪の証拠は出てこなかった。

取り調べにあたったなかで、立件に熱心な別のY警部補は、なんとか取締役から自供を得ようとした。逮捕時には容疑者から「弁解録取書」が提出される必要があるが、逮捕時にはすでに公安部が作成した弁解録取書が用意されており、取締役はそれへ署名・指印することを求められた。しかしそこには、社長らの指示により「許可を取らずに」輸出したというように書かれていたため、これに署名・指印することを拒否した。

取締役が、自分が述べるように弁解録取書を書き換えてもらいたいと求めたところ、警部補は直すふりをして、「社長と共謀して」とした。取締役は署名・指印したのちに気になって文面を確認したところ、「社長と共謀して」という文面になっていたことが分かり、新たに正しい文言に訂正させた書類に署名した。同席していた巡査部長がその様子を見ており、A警部補に告げ、A警部補はそのことを上部の課の管理官に報告し、関係者の聴取が行われたりもした。

取締役の取り調べにあたったY警部補は、調書に被疑者である取締役が言ってもいない言葉である「不正に」とか「分かっていながら」という文言を挿入する傾向があった。

またＹ警部補は、生物兵器に詳しい専門家を訪ねて聞き取りし、本人たちが思いもしない報告書の文章にまとめて、経産省の担当者の説得にあたった。

この噴霧乾燥機では、温度の低いところが残り、殺菌できないことが分かると、熱風によって湿度が下がるため殺菌が可能だというように述べるようにもなった。それを証明するための実験が起訴後に行われたりしたが、望むような結果を得られなかった。

最終的に、後任のＳ検察官によって起訴が取り消されるに至った。

後任のＳ検察官は、起訴を取り消した理由として、上記のように、温度が低くても湿度を上げることによって殺菌できると考えていたが、それが不可能であることが分かったためと述べている。しかし、弁護士は、裁判所が提出を求めていた、経産省と警察庁公安部とのやり取りを記した捜査メモの提出が迫っていたので、その捜査メモに公安部が強引に経産省の当該部局を説得し強制捜査及び起訴へと持っていった際の知られたくない不都合な内容――本書の言葉で言えば「逸脱行動」――が記されており、それを公開したくなかったためではないかというように考えている。

Ａ警部補は今回の捜査に批判的でありながら、職務上捜査を担わざるをえなかったものの、最終的に裁判で、今回の事件は公安部による「捏造」であると証言した。また、法廷で、誤った逮捕、取り調べ、起訴及び長期勾留が行われた原因を尋ねられたA警部補は、「個人欲」が原因だと述べた。

すなわち、定年が頭をよぎるようになった上司が、それまでに業績をあげて昇進することを目的として行ったという、個人的な欲望をあげている。確かに、係長のX警部は警視へ、率先して係長の意図に基づく捜査をして「貢献」したY警部補は警部に昇進した。

第五係が近年成果を上げられておらず、このままでは予算と人員を減らされることを懸念して、何とか成果を上げようとしていたことを指摘する人もいる。さらに、経済安全保障が注目され、上司全体からの期待がかかっていたと言うこともできる。その証拠に、この事件が起訴されるや、早々と『警察白書』に昨年度の警察活動の主要な成果として記載された。また、この事件によって公安部の外事第一課は警察庁長官賞及び警視総監賞を獲得した（その後、取り消されることになりはしたが）。

民事裁判では、この事件の二人の捜査員が、国と東京都に不利になる勇気ある証言を行った。じつは、さらにもう一人、勇気ある捜査関係者がいた。三名の被告人が長期の勾留となり、そのうちの一人が十分な治療を受けられないまま末期がんに罹患していることが判明した。そのことを知った捜査員の一人Cは、会社に内部告発の手紙を匿名で書いた。

彼は、もしこれが自分の父親に起きたことだとしたら、と考えたらいたたまれない気持ちになり、被告人や会社が正しいと考えていて、味方になる捜査員が警察内部にいることを、O化工機への手紙で告げた。

地方検察庁の検察官と警視庁公安部の警察官とは、どのような関係にあったのだろうか。社長、取締役及び顧問の三名を起訴したのは担当検事であった五〇歳代のベテランのT検察官であった。T担当検事は逮捕の一年半前から、公安部を指揮する警部から継続的に相談を受けていた。

T担当検事は、言うまでもなく家宅捜索や逮捕についても承諾を与えている。資料も共有している。

しかし、実際の機械や実験は見ておらず、データだけで判断していた。報告の写真には写っていなかった、温度の上がらない測定口について、そうしたものがどこにあるかを認識していなかった。それどころか、そういう部分があることさえ知らなかった。

経産省に許可申請し、規制に該当しないとされたケースについてだけでなく、他企業の立件状況についても調べていなかった。

また、他の従業員の取り調べにあたった検察官から、五名ほどの従業員が、温度は均等に高くはならず、温度の低いところがあると聞いても、聞く耳をまったく持たず、再実験を命じたりもしなかった。

民事裁判の証人尋問の終わり頃、自分の判断の問題点について聞かれたT担当検事は、現在においても、当時のような状況であれば勾留と起訴を行うとして、間違ったところはなかったと述べた。

検察は、単に公安部の捜査を追認するのみだったことがうかがわれる。さらに、社長三九回、取締役三五回、顧問一八回、会社関係者四七人を合わせて延べ二六三回にわたって任意の取り調べを行いながらも、強制捜査に踏み切って、逮捕し、さらに一一か月にもわたる勾留を行った。

O化工機は、営業活動やすでに販売した機械のメンテナンスなどに支障をきたし、前年比で売り上げが半分近くに落ち込む危機的な状態に追い込まれた。何よりも勾留者の一人は病気治療が手遅れになり、死を招くという結果となっている。これほどの犠牲を伴いながら、起訴は取り消しになった。

それでもなお、担当検事であったT検察官は、逮捕、起訴、勾留の判断は正しかったと主張した。しかし、裁判の証言に立った公安部のA警部補は、長期の多数回に及んだ任意の取り調べで、すでに十分な捜査を行っていると考えられ、逮捕の必要もなければ、勾留の必要もなかったと証言した。

じつは、このT担当検事は二〇一一年、大阪地方検察庁特捜部の主任検事による証拠改竄事件が起きたときに、勇気ある検察官として英雄視された女性検察官だった。

この章の「3」とも関係している事件だが、ここで事件の概要について説明しておこう。

大阪地検特捜部は、当初野党の有力な国会議員が厚生労働省（厚労省）へ口利きをし、担当の女性課長が上司の指示を受け入れて、自称障害者団体が実際にはその資格がないにもかかわらず、その団体に郵便料金割引の資格があるという証明書を部下の係長に発行させて、郵便料金約六億五〇〇〇万円を減免させたという見立てをした。

二〇〇九年、当時の課長で今の局長を逮捕して自供を迫ったが、局長は一貫して否定した。特捜部は、部下や関係者の自供を取って起訴したが、冤罪事件の経験が豊かで、その弁護に長《た》けている弘中惇一郎弁護士の活動によって、実際には部下の係長の単独犯行であることが明らかになり、局長に無罪の判決が下りた。係長は当初自分が単独で行ったと述べていたが検察の誘導によって、局長（当時は課長）の指示を受けてやったというように供述を変化させていた。

調書で、自称障害者団体の代表が口利きをしてもらうために国会議員会館で国会議員に会ったとされる日は、国会議員はまったく別のところにいたというアリバイが証明された。

係長の前任者も局長から指示を受けておらず、それを後任者に引き継いではいなかった。局長の上司であった元部長も局長に指示した記憶はないと語り、調書の内容が総崩れになった。

その過程で、捜査の責任者である主任検事が検察のストーリーに合わせるために証拠のフロッピーディスクのファイル作成の日付を改竄していたことが発覚した。

局長は拘置所で公判の準備のために、検察から開示された書類を点検していた。自分が部下に指示したのは六月上旬とされているのに、部下のフロッピーディスクの作成日は六月一日と記載されていた。そこで、その矛盾を自分の担当弁護士に連絡した。他方、事件を担当した主任検察官もそのことに気がつき、ファイルを書き換えるソフトウェアでフロッピーディスクの作成年月日を六月九日に変更して、被告人でフロッピーディスクの所有者である係長の家族へ返却していた。フロッピーディスクのファイルの日付が主任検事によって改竄された、という情報を入手した朝日新聞社の記者がフロッピーディスクの所在を探し出し、所有者の同意を得た弁護士から預かって確認したところファイルは六月九日となっていた。

新聞記者が、専門家のセキュリティ会社に依頼して解読してもらったところ、実際に作成されたのは六月一日であることが判明した。朝日新聞の特ダネ報道をきっかけとして、主任検事が証拠隠滅の容疑で、さらにその上司である特捜部長と副部長も犯人隠避の容疑で逮捕され、三名とも懲戒免職になった。地方裁判所の刑事裁判で、主任検事には実刑判決が下り服役した。特捜部長と副部長には地方裁判所で執行猶予付きの判決が下り、特捜部長は控訴したが高等裁判所で棄却となり、両者とも有罪判決が確定した。

二〇二三年に裁判所の証言台に立った〇化工機事件の担当検事であったT検察官は、この当時、大阪地検特捜部に所属していた。特捜部長と副部長に対する刑事裁判の検察側証人として証言し、同僚の検事から主任検事が証拠を改竄したとの話を聞き、その同僚の検事とともに副部長と話し、副部長に「もみ消すつもりか」と迫り、どなり合いになったと法廷で証言している。副部長に、厚労省の局長の無実を訴えたというようにも言われている。

これほどの検事でさえも、公安の捜査の問題点を見抜けなかった、公安の暴走を止めることはできなかった、ということなのだろうか。

それとも、かつての大阪地検特捜部での行動は、外からは推し量ることのできない、何か別の動機に基づくものだったのだろうか……。

2　調査活動費の闇

突然の逮捕劇

二〇〇二年、大阪高等検察庁（高検）の公安部長（当時）が、検察庁の調査活動費が不正に流用されているという内容を、テレビで内部告発するインタビューを録画する直前に逮捕される事件が起きた。

逮捕の容疑は、購入してまだ居住していないマンションに、住民票を移して税の軽減を受けようとしたという犯罪である。通常であればとても逮捕に値するような種類の犯罪ではなかった。

法務省は調査活動費の流用はなかったと述べる。ただし、告発があった一九九八年の当初には、検察庁の調査活動費は約五億五三〇〇万円あった。逮捕が行われた二〇〇二年には約七九〇〇万円にまで激減した。法務省はインターネットの普及などによって無料で情報収集することができるようになったためだとしている。

しかし、いくら情報化が急速に社会へ浸透しているとはいえ、犯罪の捜査や立件に関する調査の費用を四年間でいきなり七分の一にまで押し下げる力はない。そんなことは子どもにだって分かることだ。

調査活動費の謎を解くために、この節では新聞記者の言説を引用したい。というのは、マスメディアと検察庁とは、密接に結びついているからである。ただ、筆者が抽象的に密接に結びついていると言っても、読者にとっては単に筆者の主観的な感想を述べているだけで、信憑性がないと思われるに違いない。そこで、二例のみだが、新聞とは異なり公共の電波として中立性が求められている放送メディアの記者と検察官との密接な関係を示すエビデンスをあげておこう。

司法記者クラブに所属している記者は、取材競争で検察官に夜討ち朝駆けの取材を繰り返すうちに、検察官と親しい関係をつくるものと考えられる。

元ＮＨＫの記者と元特捜部長との対談の本では、特捜部長は自分の母が亡くなったときに、記者にそのことを知らせる電話をかけている。記者は、東京からはるか離れた地方にある検事の実家で行われる葬儀に出席した。人生の悲しみやつらさを発露し、慰められるほどの関係になっていた（熊崎勝彦・鎌田靖〈聞き手〉『伝説の特捜検事が語る　平成重大事件の真相』中央公論新社、二〇二〇年）。

検事と記者が一緒に麻雀をしたり、お酒を飲むことは、ありふれた情景である。NHKの別の記者は、検事総長の自宅で、検事総長及びその配偶者と一緒に食事をしながら酒を飲むこともある。転勤先へ訪ねていって、検事の自宅に泊まることもしている。親しい検察官が希望する高い地位に就けるように週刊誌に匿名で記事を寄稿したりすることもある（村山治・松本正・小俣一平『田中角栄を逮捕した男　吉永祐介と特捜検察「栄光」の裏側』朝日新聞出版、二〇一六年）。

このように記者は、通常の人々にとっては接近することができず、うかがい知ることがない検察官の生活世界に入り込んでいる。長年にわたって司法を担当し、とりわけ特捜部の検事との間に信頼関係を築き、特捜部の事件捜査や検察庁について詳細な情報を収集してきた記者もいる。そのようにして深い内部情報を取得してくる。

ここでは、そうした記者の一人である、元朝日新聞記者の村山治による文章を紹介したい。検察庁の調査活動費に関する微妙な問題なので、少し長くなるがそのまま引用することとしよう。

非公式に問えば、過去に調査活動費の不正経理があったことを認める検事は多い。検察部内で調活費が目的外流用されていたのは公然の秘密だった。なぜそれを認め、国民に謝罪しないのか。

法務・検察首脳は、調活費問題で事務官の扱いを心配していた。調活費の不正経理で作られた裏金を飲み食いに使ったのは検事だが、裏金作りの実行行為をしたのは事務官だ。

「仮に不正があったことを認めたら、文書偽造などで不正経理を実行した事務官を犯罪に問わなければならない。検事は事務方が用意した『裏金』を使っただけだから共犯に問われない。多くはすでに公訴時効だから訴追の必要はないが、懲戒処分はしなければならない。そうなると収拾がつかない」

検察幹部の１人は語った。

検察庁１万２千人のうち検事は約１５００人。残りは約千人の副検事と９千人の事務官が支える。検察庁は、実は「事務官の役所」でもあるのだ。検事に比べて事務官の待遇はよくない。事務官が反旗を翻したら、検察庁は組織として持たないのだ。

検事らの保身もあった。法務省幹部は声を潜めた。

「天皇陛下の認証を受け、叙勲を受けた大先輩を犯罪者扱いできると思うか」

ある元首脳は現職時代から行きつけの料亭に調活費をつぎ込んでいるといわれてきた。部下の幹部も、その料亭を使ってきた。検事正になった検察幹部の多くは、前任者の引き継ぎで不正経理があることを知っていた。不正は、組織ぐるみで、1人の不正を認めると、芋づる式にすべての不正が明らかになる構造だった。当然、法務・検察首脳もほぼ全員が責任を追及されることは確実だった。

大蔵汚職以降、国民の多くは、政官業界を舞台にした勧善懲悪劇を時々みせてくれる正義の味方というイメージで検察をみなくなった。検察自体、うまく回らない日本のシステムの一部であり、事件摘発の裏側では複雑な力学が働いている、と受け止めるようになった。

原田〔明夫〕は、司法制度改革を法務・検察の最優先テーマと位置づけ、その準備と実施のため、検察現場の中核を担うべき優秀な若手検事を次々と法務省と制度改革関連業務に投入した。検察運用では、「体感治安」の悪化を受けて警察に対する支援を強化するため刑事検察を重視した。

東京地検特捜部は02年6月、元北海道・沖縄開発庁長官の鈴木宗男を収賄罪などで摘発したが、「三井事件隠しのための国策捜査」だと批判された。原田の在任期間は約3年に及んだが、調活費疑惑で振り回され、04年6月に退官した。

（村山治『特捜検察VS.金融権力』朝日新聞社、二〇〇七年、二二〇―二二一頁）

村山が述べるように、調査活動費を目的外に使い込むことはあったと、検事たちは認めている。あげられている理由のうち、第一の理由はいいわけというか、こじつけにすぎないように思われる。

調査活動費の使途が公表されたならば、国民は、不正に使用した検事正以上の検察官たちこそ処分されるべきで、書類をつくらされていた検察事務官を処分することに反対するに違いないからだ。自分たちの飲食、娯楽、ゴルフなどに使用したり、ましてや仮にも自宅の購入資金に充当した検察官がいるとすれば、そうした人こそ処罰されたり制裁が科されるべきだと考える。事務官を処分するのは見当違いだ、という世論が盛り上がるに違いないからである。国民はこの検察官が考えているほど愚かではない。

もし、検察が、上からの命令に従っただけで、何ら利益を得ていない検察事務官のみを処分しようとすれば、事務官に対する嘆願書が寄せられ、利益を得ていた検察官こそ返金するとともに処分の対象とされるべきだという意見が殺到するに違いない。

口封じはないと言ったが……

原田明夫検事総長は、詐欺の容疑で逮捕された公安部長検事についてきわめて遺憾であり、事件の全貌を明らかにし、厳正に処分すると記者会見で語った。

記者から質問が集中した公安部長の逮捕と調査活動費の問題との関係については、「口封じのようなことはまったくない」と回答した。これについて、先に引用した村山治は、「しかし、現職検事を逮捕するのは明らかに異例だった。体面と組織防衛を重んじる検察は、もっと悪質なケースでもひそかに退官させ公表しないこともあった」と述べている(同書、二一八頁)。

森山眞弓法務大臣も、調査活動費は適正に執行されており、指摘されている調査活動費の不正流用は「事実無根である」と明言した。

元大阪高検公安部長は、詐欺罪で逮捕された後、暴力団員から接待を受けていたとされ、収賄容疑で再逮捕された。

この暴力団員の取り調べにあたり、供述を得たのが、のちに大阪地検特捜部長になり、部下の主任検事による証拠改竄事件で犯人隠避の罪に問われた検事であった。

元大阪高検公安部長に対して、大阪地方裁判所で懲役一年八か月の実刑と追徴金二二万円の判決が下された。最高裁判所で上告が棄却されて判決が確定し、元公安部長は収監され、静岡刑務所で服役した。

3　検察庁の「受難」とパラドックス

なぜ、証拠を改竄してまで起訴するか

「1」で紹介したように、大阪地検特捜部は、当初、国会議員で野党の主要人物の一人をターゲットとして、その人物が自称障害者団体から依頼を受け、不正に郵便代金の減免を受けられるように便宜を図った、というように見立てて捜査を開始した。しかし、有罪の筋は見えてこなかったため、ターゲットを女性局長に変え、彼女が課長時代に郵便料金減免の対象外であることを知りながら、係長らに命じて許可証を発行させたと考えた。

局長は否認したままだったが、局長以外の者からはそのストーリーに沿った供述を得た。しかし、供述調書や開示された証拠資料を精査し、公判に臨んだベテランの弁護士の尋問によって、関係者が次々と調書の供述を翻すとともに、アリバイも立証され、供述調書の信憑性が失われ、局長には無罪の判決が下りた。

さらに、許可証を作成した日にちがストーリーと合致しないことに気がついた主任検事は、フロッピーディスクに保存されていた許可証のデータの作成日付を、数日遅らせた日

付に書き換えていた。だが、局長による作成日の食い違いの指摘と、朝日新聞の記者によるフロッピーディスクの解析などによって、主任検事による証拠の改竄が明らかになった。主任検事に続いて上司の特捜部長、特捜副部長も逮捕され、主任検事には実刑判決が下って服役し、部長と副部長には執行猶予付きの判決が下された。

元主任検事は刑務所を出所後、社会で発生している事件の解説をインターネットで行い、閲覧者の関心を集めている。元特捜部長は、地方裁判所で有罪判決を受け、高等裁判所へ控訴したが、上告はせず、執行猶予付きの刑が確定した。六七歳になった元特捜部長は、関西の弁護士会へ資格申請して認められ、弁護士になっている。

この事件を契機として、「検察の在り方検討会議」が設けられ、再発防止の検討が行われることとなった。

その結果、裁判員裁判の対象事件と特捜部の事件の被疑者の取り調べについては、全面的に録音・録画がされることになった。他方で、一定の条件の下で、容疑者が容疑を認める代わりに罪を軽減されるという「司法取引」が認められた。

法務省大臣官房司法法制部司法法制課長として裁判員裁判などの司法改革に関して能力を発揮した黒川弘務が、「検察の在り方検討会議」の事務局長に就いた。松山地方検察庁検事正に赴任して二か月にしかならないにもかかわらず、霞が関の本省に呼び戻されたのだった。

黒川はその職責を見事にこなし、検討会議の結論を見て、かえって従来よりも検察庁にとって有利な内容となっており、焼け太りしたという評価がなされるほどであった。黒川はその後、官房長となり、異例の長期となる五年以上務めたのち、事務次官を二年四か月にわたって務めた。


二〇〇九年当時、東京地検特捜部は、最大野党の党首をしていた小沢一郎をターゲットとして、建築会社からの政治献金に関わる政治資金規正法違反の疑いで捜査を進め、小沢は党首辞任に追い込まれた。

その後、衆議院議員選挙が行われ、与野党が逆転し、民主党政権が成立。小沢は幹事長に就いた。その翌年、検察庁は、小沢の元秘書で国会議員となっている人物や秘書を逮捕し、別件の政治資金規正法違反で取り調べていった。だが、東京地検特捜部は小沢の関与を証明できず不起訴となった。しかし、マスメディアによって喚起された世論から、この決定に納得がいかない人も多く、検察審査会に審査を申し立てた。

検察審査会が「起訴相当」の決定をしたため、それを受けて検察庁は再び嫌疑不十分による不起訴の決定をした。これに対して検察審査会は再度の「起訴相当」の決定を行った。

この結果、起訴強制となり、検察官役の指定弁護士が選任され、東京地方裁判所に公訴が提起された。地方裁判所の判決は無罪であった。指定弁護士は東京高等裁判所へ控訴したが、控訴棄却となった。上告は行われず、小沢の無罪が確定した。

その後、検察審査会の審査に関して重大な事実が発見された。検討のための資料として、検察庁から提出されていた元秘書の取り調べを担当した検察官の捜査報告書に、虚偽の記載があることが判明したのだ。

これは、事情聴取された元秘書が密かに質疑をＩＣレコーダーで録音したことによって明らかになった。録音内容と照らし合わせると、捜査報告書は元秘書が言っていないことを言ったとして記載していた。さらに他の提出された資料にも、通常は、検察庁の不起訴という判断が正当であることを主張するはずのところ、逆に、小沢有罪の嫌疑が濃厚であることを強調し、起訴へと誘導する内容となっていたことも明らかになった。

とりわけ捜査報告書の虚偽記載は、懲役一〇年以下の刑が定められている虚偽有印公文書作成罪に該当する可能性がある行為だった。

作成した検事は記憶の混同によるものだったと説明し、その説明を最高検察庁の調査担当者が受け入れた報告書が作成された。ただ、特捜部を経験した複数の元検事や、元裁判官は、そうした説明はまったく受け入れがたいものであるとしている（郷原信郎・森炎『虚構の法治国家』講談社、二〇一五年）。

検察庁の失墜

前節で言及した元大阪地検特捜部長は、自分のケースよりもはるかに重大な違法行為が行われたにもかかわらず、誰一人として罪に問われないことについて、次のように述べた。
このケースでは、検察庁の多数の上司が関与しており、いったん捜査となれば組織ぐるみの犯行として、検察庁の幹部を起訴することにならざるをえないからではないか、という見解であった。

当時、法務大臣で弁護士でもある小川敏夫からは「もう今後五〇年は、検察は信頼を回復できないと思います」といった発言がされている。この元法務大臣は、大臣在任時に指揮権を発動し、きちんとした調査を行うように指示することを内閣総理大臣に打診したが、更迭《こうてつ》されたという（郷原信郎『検察崩壊　失われた正義』毎日新聞社、二〇一二年）。

その後、政権は自由民主党に戻り、安倍首相の在任期間が戦後最長を記録する。公職選挙法違反や、首相の周辺に特別な便益が提供されたのではないかという疑惑が生じながらも、検察がまったく動く気配を見せないことに、国民が首をかしげざるをえない期間が続いた。

その間、黒川は、先に述べたように、通常二年程度で異動するのが通例の官房長の地位に五年以上も留まったのち、事務次官となり、まるで内閣官房長官の顧問であるかのごとき姿を呈して付き添っていたという。

検察庁では数代先まで検事総長の候補は決められているとのことだが、次期検事総長とみなされていた人物が事務次官になることを拒まれ、黒川が事務次官になった。次に黒川は、東京高検検事長の地位に就くとともに、次期検事総長になる含みで半年間の定年延長が行われた。さらに、内閣総理大臣の裁量によって、検事総長の定年を数年間延長することができるという、検事総長の定年の改正案までもが国会に提出された。

これに対して、国民から、政権の覚えめでたき人物が検事総長の地位に就いたりすれば、検察庁による政治家の犯罪の摘発が妨げられることになるとの批判が巻き起こった。そして、インターネットの#（ハッシュタグ）を用いた反対運動が起こり、数十万人の電子署名が集められた。さらに、複数の検事総長や東京地検特捜部長のOBからも、反対の意見書が提出され、内閣は検事総長などの定年に関する改正案を撤回せざるをえなくなったのである。

他方、黒川東京高検検事長は、二〇二一年に新型コロナウイルスの感染下で自粛が求められていたにもかかわらず、新聞記者たちと賭け麻雀をするなどの問題行動を行い、大きな批判を受けた。追及の声は収まらず辞職するに至り、当初予定されていた検察官が検事総長の地位に就いたという顛末だった。

上記の事態を一言で言うならば、検察庁が政権に付け込まれ、政権に便宜を図らざるをえなくなっていたのだ。その原因はどこにあったのであろうか。

表面化したならば、大問題となるに違いない検察庁による調査活動費の私的流用はなかったとされ、調査活動費は適正に処理されていたかのごとくに扱われた。調査活動費の問題を抱えた人事を通すため、政権に大きな借りをつくった。さらに、大阪地検特捜部による証拠改竄問題などで弱みを握られるとともに、国民の信頼を失い、付け込まれる隙をつくったのである。

国民から目の敵にされ、否定的評価を下されることになった黒川元官房長・事務次官や大坪元大阪地検特捜部長は、そうした事態に直面して、じつは、あえて言うならば検察庁の救世主的な役割を果たしていたと言うことができる。

黒川元東京高検検事長は、大阪地検特捜部の証拠改竄問題や調査活動費問題で検察庁を救いながら、自分が救った組織やその関係者から感謝の表明もなく、非難を浴びて、石もて追われる道を選んだと言うこともできる。

大坪元大阪地検特捜部長も、調査活動費問題で身を捨てて検察庁を護ったにもかかわらず、救済した組織とその上層部から恩をあだで返され、刑事罰を科されて突き落とされていった。他方で、長期政権党にとって利益となる類似の行動を取った検察官たちは罪を問われることはなかった。これが末期症状でなくて何であろうか……。

検察は、大臣経験者を逮捕し有罪判決を獲得したのち、主《あるじ》を失った安倍派の法律違反を探索し、意趣返しを行うかもしれない。しかし、それによってみそぎが済んだという話にはなるまい。

検察官たちは、どのように大坪元特捜部長と黒川元高検検事長に感謝の気持ちを表そうとするのであろうか。二人が自らを犠牲にして救い、最終的に沈黙して立ち去っていった検察庁を引き継ぐ人たちは、この組織が抱える問題をどのように改善して克服し、甦らせるのだろうか。

第3章　法務省と現場

1　特異な特徴を持つ法務省

法務省の仕事とは

法務省は通常の官庁と異なる特徴を持っている。通常の官庁は、一つのピラミッドを形成している。大臣が頂上にいて――事務部門に注目すれば――その直下に一人の事務次官がいて、その下に複数の局長がいるというように、である。

法務省はツインピークスである。映画のタイトルではなく、文字どおりの物理的な意味で頂上が二つある。今どき、この言葉が通じるのかどうかは分からないが、双子山のようである。

法務省には、相対的に省から独立した独任官庁として検察庁がある。また一般的な業務として、法秩序の維持、基本的な法律制度の整備などの業務を行っている。法務大臣は指揮権を持ってはいるが、個別の事件については検事総長に対してのみ発動することができる。

前章で確認したように、検察庁は刑事事件について裁判所へ起訴し、犯罪の立証を行い、求刑する。判決に不服があれば控訴したり、上告したりする。ほとんどの捜査は警察が担当しているが、重大な政治犯罪や経済犯罪について自ら捜査も行う部門として特別捜査部（特捜部）が東京、大阪、名古屋にある。

他方で、法務省は一般的な業務として、たとえば、刑事法や民事法の整備（刑事局・民事局）、刑務所や少年院の運営（矯正局）、保護観察の執行（保護局）、国に対する訴訟への対応（訟務局）、登記などの管理（法務局）、人権の啓発と擁護（人権擁護局）などを行う。外局として、出入国の管理などを行う出入国在留管理庁と、破壊活動防止法や団体規制法に基づいて旧オウム真理教などの団体に対する監視を行う公安調査庁がある。

法務省の人事は他の官庁とは異なる独自の特徴を持っている。

国家公務員の総合職が、たとえば、財務省や経済産業省、総務省、厚生労働省などに就職すれば、その事務職のトップレベルである局長はもとより、最高位である事務次官になることも不可能ではない。しかし、法務省に入省した場合は、絶対に事務次官にはなれない。二〇一三年から局長のポストが総合職や一般職に対して開かれはしたが、常時開放されているわけではないし、開放されることのない局もある。法務省の要職は、検察官によって占められているのだ。

常々、専門的な知識と経験が必要だと考えられる矯正局長といった地位が、総合職や一般職に対して開かれていないことについて研究者から批判が寄せられていた。

矯正局は刑務所、拘置所、少年院、少年鑑別所などを所掌し、刑務官、少年院教官、少年鑑別所心理技官など二万人以上の職員がおり、その実情は現場を経験した者でないと理解できない性質のものだ。おそらく二〇二一年に検事総長になった林真琴が人事課長のときに、一般職に局長へ至る扉が開かれることが考案されたのではないかと推察される。

従来は、矯正局長や保護局長などのポストは、検察官が検察庁の検事総長、最高検察庁次長検事、高等検察庁検事長、高等検察庁次長、地方検察庁検事正や、法務省の事務次官、官房長、刑事局長といった主要ポストへ昇進していくための一過程として存在していたにすぎない。

検察官以外で最初の矯正局長となったのは西田博である。ただし、現在の「総合職」で、当時の「上級職」、その後に「一種」と呼ばれた国家公務員として法務省に採用されたのではない。

西田は、親子二代の刑務官として法務省に採用され、その後、選別されて中級職的なポジションとなり、矯正局に勤務する。そして、矯正局及び法務大臣官房の参事官を務め、法務省矯正局では、それまで検事の指定職であった総務課長を務めた。さらに法務大臣官房の審議官を務めた後、二〇一三年に矯正局長に抜擢された。西田の後、検察官と総合職の出身者とが入れ替わりながら矯正局長になっている。

二〇一八年には女性初の矯正局長も誕生した。矯正局で少年矯正課長、総務課長や法務大臣官房で審議官を務め、人権擁護局長となった後に矯正局長となった。矯正局長の在任期間の一部は、少年法改正についての審理が法務省法制審議会の少年法・刑事法（少年年齢・犯罪者処遇関係）部会で議論されていた時期と重なっていた。

検察官が占めていた法務省の実務の要職の一角を、総合職などの一般の職員が占めるようになったことによる影響や、法務省の施策がどのように変貌を遂げていくのかは、今後の興味深いテーマとなるだろう。

退職後も好待遇が待っているが

法務省は目立たない官庁ではあるが、ドイツの社会・経済学者マックス・ウェーバーが唱えるように、近代国家がその正当性の根拠を合法的支配に置いている限り、国家の礎《いしずえ》となる地位と役割を果たすことになる。

他の官庁よりも頭一つか、二つ分くらいは出ている。霞が関一丁目一番地に位置しているのは、財務省でも経済産業省でもなく、法務省である。他の省庁のトップが事務次官であるのに対して、法務省にはそれよりも高位の国家公務員が少なくとも一〇人いる。検事総長、最高検察庁次長検事、全国に八か所ある高等検察庁の検事長である。

検事総長、最高検察庁次長検事、高等検察庁検事長は現在、「認証官」として天皇に「拝謁」して、直《じか》に認証される。大臣に加えて現在は副大臣も認証されるが、各省の事務次官はそうした地位にはない。

法務省は、先に述べたように、いわゆる独任官庁と言われる検察庁をそのなかに持ち、一般の公務員とは異なる法曹資格を持った検察官が、被疑者の逮捕、勾留や取り調べ、被告人の拘留、公訴の提起から判決に至る刑事訴訟手続き、さらに刑の執行命令など、特別な権限を持っている。とりわけ犯罪者の裁判と処罰に関わる職務を執行している。さらに、その検察官が、法務省においても要職を占める。

給与は裁判官に準じ、検事総長の月額は最高裁判所判事と同額の約一五〇万円、高等検察庁の検事長は約一二〇万円、地方検察庁の検事正は約一〇五万円、高等検察庁の部長クラスで約一〇〇万円である。これにボーナスなどを加えると、検事総長の年収は約三〇〇〇万円、高等検察庁の検事長は約二四〇〇万円、地方検察庁の検事正は約二一〇〇万円、高等検察庁の部長クラスで約二〇〇〇万円になる。

東京地検であれ大阪地検であれ、特捜部の捜査はマスコミの注目を集める。能力と実力のある花形検察官としての活躍ぶりがマスコミを通じて報道される。同期や後輩の検察官からも一目置かれ、羨望のまなざしで見られることにもなる。

しかし、特捜検事はマスコミの注目を集めるだけではない。その後、検察官を辞めて弁護士稼業を始めたとき、特捜部の検事であったことは非常に有利に働く。

大阪地検特捜部の出身で検察官を辞めた後、「闇社会の守護神」と呼ばれた、いわゆる〝ヤメ検〟はバブル経済の時期と重なったこともあって特異な存在だったが、特捜部出身の検察官には、退職後、企業の顧問や監査役の依頼が来る。弁護士として顧客にも恵まれる。紛争に悩む企業から、法定代理人となってほしいという依頼も多い。退職後、数千万円の年収が期待されたりもする。特捜検事は現役時代に華やかなばかりではない。あまり知られていないようであるが、じつは、その後の実利的な利益も伴っているのである。

各都府県に一つずつある（北海道には複数あるが）地方検察庁のトップの検事正が退職になった場合は、公証人になる検察官が多い。東京や大阪の大企業の本社の所在地となっている中心部で公証人となった場合は、企業買収やM＆Aをはじめとした多額の商取引や契約も多く、公証人としての収入も多額になることが多い。

しかし昨今、検察官も従来のような権威を伴って、一般職員の上に位置することが不可能になってきているのではなかろうか。第2章で示したように、検察官の無私で清廉な公僕というイメージ、検察庁の無謬《むびゅう》性、とりわけそれらを代表していた特捜部の神話が崩壊してしまったように感じる。

現職時の給与も退職後の経済生活も、一般の公務員とは雲泥の差がある。だが、両者の実力の差は以前よりも縮まってきているように思われる。すなわち、ロースクールを修了して司法試験に合格すれば、法曹資格が得られるという司法改革の結果、検察官と総合職の職員との、威信や能力の差が小さくなってきたように思われるからだ。

ロースクールの導入以前であれば、難関の司法試験を合格した検察官に対して、総合職をはじめとする一般職員は、合格するのに必要とされる成功のために苦難を耐え忍ぶ、つまり臥薪嘗胆のような努力や忍耐力に敬意を払い、二者の間には超えられない一線があることに納得できたと考えられる。旧司法試験の合格率は約二%で、合格者も五〇〇人程度にすぎず、最難関の国家試験だった。

しかし現在は、ロースクールに進学してその課程を修了し、その後、五年以内に司法試験に合格する累積的な合格率は六五%に近づいており、合格者も約一五〇〇人になっている。従来と比較すれば格段に、容易に裁判官や検察官あるいは弁護士になれるようになった。そうであれば、検察官と一般職員との間に質的な差異はなく、その間には超えられない一線などはなく、ただ単にロースクールに進学したかどうかの違いでしかないことになる。根拠のない差別は組織を形骸化させたり、瓦解させたりする可能性さえもある。

2　矯正の脆弱な基盤

医師の確保すらままならない

日本の刑務所や拘置所における矯正の最大の課題は、医療の拡充である。もっと端的に言うならば医師の確保であろう。人の自由を制約している以上、生命と健康を保障する必要があるからだ。

とりわけ日本においては、日本国籍の有無にかかわらず、住民登録していれば国民皆保険制度の下で、国内で自由に医療機関を選んで診察してもらうことができる。設備の整った大規模病院や、先端医療を行っている病院で診察してもらう必要があると考えられる場合は、近隣のクリニックから大規模病院を紹介してもらえばいい。より高額の初診料を払えば、最初からそうした規模が大きく医療機器が整った大きな病院で診察してもらうこともできる。

筆者及び友人の経験に基づいても、アメリカ合衆国の医療制度は悲惨であり、日本と似た医療制度を持っている英国やスウェーデンでも適切な治療を受けるのは容易ではない。確かにさまざまな問題を抱えてはいるが、世界の先進国のなかでも、日本は医療制度の整った国である。

じつは、そのことが、日本を世界の最長寿国の一つにしている。日本人の長寿は、健康食として世界に広まった日本食（和食）にあるのではなく、整った医療制度と医療体制の賜物である。これが、わが国が先進国のなかでも新型コロナウイルスの感染による死亡率が非常に低かった要因だと考えられる。

しかし残念ながら、矯正施設での医療体制はお粗末なものと言わざるをえない。それを刑務官が必死の努力で補っている。そもそも医師の確保ができていない。医療費も健康保険ではなく、国費で賄われる。

従来は大学病院の医局が力を持っていたため、医師免許を取ってまだ間もない駆け出しの医師を派遣してもらうことができた。しかし、今は若手医師が研修医を受け入れる病院を自由に選択できるようになっており、大学病院の医局が制約を課すことは不可能になっている。医師の多くは給料と勤務条件や待遇のよい私立病院へと流れ、公立病院でさえも医師の確保に苦労している時代である。

あまりにも欠員が多いため、国は医学生に対する奨学金制度を充実させ、矯正施設に勤務する医官には職務規定を緩和した。すなわち、二〇一五年一二月から矯正医官特例法が施行され、勤務時間内に、出身大学の医学部や大学病院に出向いていって共同研究をしたり、一週間に二日半程度まで、民間の医療機関で非常勤の医師として勤務し収入を得る兼業も可能になったのである。

一時期、矯正医官は定員の七〇％台にまで減少していたが、二〇二〇年には九〇％にまで回復した。しかし医師は、医療刑務所、矯正医療センター、都市部の医療重点施設の大規模刑務所に偏在している。地方の中小規模の矯正施設では、医師の確保ができない施設がある。大都市圏の外れに位置する刑務所のなかには、正規の医師の求人をアルバイトの求人サイトにアップして、医師を確保しようとしている施設もあるほどだ。

また、医師は確保されているように見えても勤務条件が緩和されたため、実際には医師が施設には不在という時間が長くなっている。筆者が詳しく知る矯正施設でも、常勤医と言いながらも、実際には一週間のうち二日半しかいない。名目的に八時間の日が二日、半日の日が一日である。もちろん土・日曜は不在である。したがって常勤医の不在時に急病患者が出た場合は、ともかく地元の設備の整った病院へ搬送して、常勤医へも連絡してその病院に来てもらい、今後の治療をどうするのかを判断してもらうことになる。

早急に矯正施設の医療制度を整備しないと、刑務官が増大する過酷な負担に堪えられなくなってきている。受刑者から体調不良を訴えられても、医師がいなくては薬の処方さえ難しい。

刑務所は、急速に高齢化している。その年に刑務所へ新しく入所した六五歳以上の高齢者の割合を見てみよう。男性は、一・四％（一九九〇年）、三・二％（二〇〇〇年）、七・八％（二〇一〇年）、一二・九％（二〇二〇年）である。女性は一・七％（一九九〇年）、四・二％（二〇〇〇年）、一一・二％（二〇一〇年）、一九・〇％（二〇二〇年）である。入所者のうち男性でも一〇人に一人以上、女性では五人に一人が六五歳以上の受刑者となる。

若年者とは異なり高齢者のなかには突然体調を崩す者が多い。とりわけ刑期が長く、受刑者が高齢化しているLB級――Lは長期刑を、B級は刑務所へ複数回入所していることを表す。初めて刑務所に入所する場合は、A級の刑務所となる――の刑務所では、高齢受刑者の突然死も予想され、とりわけ医師のいない夜間の巡回など、あえて言えば綱渡りのような毎日を送っている施設もあるのだ。

もし受刑者の体調が非常に悪く、施設外の病院に緊急搬送して入院させる必要が生じたら、その病院に複数の刑務官を二四時間体制で張り付ける必要がある。その場合、刑務官に過重な負担を課すとともに刑務官の勤務シフトのやりくりにも支障をきたすことになる。

二〇二二年に刑法が改正され、「懲役」刑と「禁錮」刑が廃止となり、二五年六月までに拘禁刑が実施される。すなわち受刑者は、刑務所内で工場に配属されて刑務作業をすることから、再犯防止のための処遇を受けることへと移行する。義務として画一的な刑務作業を行うのではなく、各人に応じた処遇プログラムを受けることになるので、受刑者の自由度は増加し、それとともにさまざまな要望が増えることが予想される。

加えて、長期刑の判決を受けて受刑する者が増えている。女性受刑者で無期刑（無期懲役）の受刑者も増加している。ここでは人数の多い男性受刑者に焦点を当てて考察しよう。

男性刑務所の二〇〇五年と二〇年の年末（一二月三一日現在）の全受刑者に占める長期受刑者の割合の推移を見てみる。

無期刑の受刑者の割合は、二〇〇五年が二・二％で、二〇年は四・五％になった。一五年から二〇年の刑期の者は、二〇〇五年が一・〇％のところ、二〇年は三・〇％である。

無期刑の割合が約二倍になっていることが分かる。刑期が一五年から二〇年の割合も三倍になった。しかし、じつは長期受刑者は、これ以上に大変動をきたしている。

二〇年を超える刑期の受刑者が激増しているのだ。すなわち二〇〇五年には、たった三二人しかいなかった受刑者が、二〇二〇年には四八八人と約一五倍に増加しているのである。その後も増え続け、二〇二二年一二月末には五二一人となっている。

このように、重罰化、長期刑化が顕著となっているが、これは刑法改正によって重罰化が促進され、長期刑を科すことができるようになったこと、さらに実際に検察官によって長期刑が求刑されるようになり、その求刑に基づいて判決が下されていることによる。

刑の長期化によって、刑務所に長期収容されて加齢をする受刑者が増え、高齢受刑者の割合が増えているのである。無期刑に限らず、長期刑で、刑務所内で一生を終える受刑者も増えている。刑務官や医官による受刑者の看取りの可能性が増加しているということである。

つまり刑務所の医療には、病気治療に加えて、今や終末医療も求められている。身柄を拘束しながら終末医療を行うのは、たいへん気を遣う作業である。初犯の長期受刑者を収容するLAの刑務所はもとより、とりわけ累犯の長期受刑者や無期刑の受刑者の割合が高いLBの刑務所は、未曽有の課題に直面していると言っても過言ではない。

医師の充足の必要性は言うまでもなく、さらに医療や介護、看護に関して根本的な対応策の検討が求められている。

受刑者の権利をどう考えるか

刑務所からの出所や仮出所について、また、刑務所内での受刑者の権利擁護と虐待防止のための視察委員会について考えてみたい。

受刑者が刑務所を出所するのは、刑期が満了したときに出所する場合と、刑期が満了する前に仮出所する二つの方法がある。仮出所は、矯正施設の長が地方更生保護委員会に申請する。仮出所を許可するかどうかは全国に八つある地方更生保護委員会が決定する。

統計的な結果に基づけば、刑期の満了まで刑務所に収容して社会へ出すよりも、刑の満了前に仮出所で社会へ出したほうが再犯率は低い。保護観察を課して、再犯をしないように住居や就職を斡旋したり、保護観察官や保護司が監督・指導できるからである。

無期懲役といっても、かつては実際の服役期間は一五年程度で仮釈放されることもあった。しかし、現在、無期懲役は三〇年以上服役する必要があると言っても間違いではない。必然的に刑務所で一生を終える受刑者も増え、終身刑に近くなっている。無期懲役の仮出所に関しては、申請にあたって検察官の意見を聞く必要がある。その意味で検察庁の方針及び検察官による裁量の影響も大きい。

矯正施設において、待遇改善の要求や人権侵害の申し立ては少なくない。そのため、二〇〇六年以来、矯正施設に視察委員会が設けられた。

これは、弁護士、医師、有識者、地方自治体の職員、地域住民など施設職員以外で構成される独立した委員会で、施設収容者と面接したり投書を受け取ったりして、施設に対して収容者の要望を伝えたり意見を提出したりする役割を担っている。しかし、あくまでも強制力があるわけではない。

二〇二二年、中部地方にある長期刑の大規模刑務所で、複数の刑務官が三人の受刑者に暴行を繰り返していたことが発覚した。視察委員会から刑務所長に対して調査と改善を求める書面が提出されたが、対処されないままに留まっていた。

今後は、視察委員会の意見や要望が矯正施設によって十分に尊重される必要があるだろう。

高齢女性の受刑者が激増したその背景

刑務所に、新たに収容された人に占める女性の割合は、一九八九年には約四％であったものが、二〇一八年には約一〇％となっている。さらに女性受刑者のうち、六五歳以上の割合は一九八九年には約二％であったが、二〇一八年には約一七％、一九年には約一九％と激増している。

新たに刑務所へ入所した女性の受刑者のうちで、窃盗で入所した六五歳以上の女性の割合は二〇〇六年には約一八％であったが、二〇二二年には約三五％というように、約二倍になった。じつは、六五歳以上の女性で刑務所へ入所する圧倒的多数が窃盗で、そのほとんどが万引きである。

マスメディアや専門家によっても誤解されているようだが、これは社会の高齢化に伴って、単純に万引きを中心とした窃盗をする高齢女性が増えたということではない。法改正と、それに基づく社会統制機関の対応の変化が関係している。

一九八九年時点の刑法では、窃盗に対して懲役刑しか定められていなかった。そのため、小額の単純な万引きならば、その行為に対して懲役を科すのは酷なことと考えられ、不起訴や起訴猶予にされていた。

しかし、店舗に警備員が配備されたり、ＡＩなどによる防犯カメラが取り付けられたりして万引きの発見が容易になった。加えて、万引きを発見した場合は警察に通報するというように強い姿勢で臨む業界やお店が増えた。初めての万引きの場合は、事件を通報された警察は、本人に注意を与え、始末書――二度としないという誓約書――を書かせて終了する微罪処分になる可能性がある。しかし、警察が窃盗の書類を作成して、検察庁に送致した場合、検察官は、起訴便宜主義に基づいて、警察から送検されてきた被疑者に対して起訴、起訴猶予または不起訴を決定する。

従来から、検察官の間では、窃盗という犯罪、とりわけ窃盗を複数回行いながら、不起訴にしたり起訴猶予にしたりして何ら制裁を科さないことは好ましくない、という考えを持つ検察官がかなりいた。社会状況の変化とともに、こうした考えが検察庁や法務省の刑事局で優勢となり、二〇〇六年五月に窃盗罪に罰金刑が設けられることになった。

これは、まず、窃盗罪で起訴される人の割合が増えることを意味する。

窃盗で起訴されて罰金刑の判決が下されれば、それは前科となる。次回に窃盗を行えば、前科があるゆえに起訴される。約半数は再度罰金刑に留まるが、約半数は執行猶予付きの懲役刑となる。さらに、執行猶予中に窃盗をすれば、必ず起訴され、懲役刑の判決が下ることが多い。執行猶予中に犯罪を行ったということで、今回の刑期に執行猶予となっていた懲役刑の刑期を加えて、刑務所へ収容され服役することになる。

数は多くはないが、その他の選択肢もないわけではない。たとえば、実刑ではなく、再度の執行猶予付きの懲役刑の判決が下されることがある。その際は保護観察付きの執行猶予となることが多い。保護観察付きの執行猶予中に窃盗を行えば、起訴され、今度は実刑の懲役刑になる。

このようにして、刑務所へ入所する窃盗犯が増加することになる。

窃盗罪に罰金刑が設けられていなかった時代には、万引きで検挙された高齢女性は、高齢であり、窃盗で刑務所へ送るのは忍びないということで、起訴されず前科が付かなかった。だが、罰金刑が導入されたことによって、窃盗を繰り返せば刑務所行きになるという流れができあがった。

たとえば、ある西日本の女子刑務所には、七三歳の女性が、一九八四円の日用品と食料品を万引きしたということで一回目の裁判を受け、二回目の裁判では九五円のおにぎり一個を万引きしたということで、人生で初めて刑務所へ入所している（菱田律子「和歌山刑務所における「窃盗事犯者実態調査」及び「面接」から考える」『矯正講座』第三九号、二〇一九年）。

ただ筆者としては、たとえば家族がいたり、自宅があったりして、受け入れ先が確保されているにもかかわらず、コンビニ弁当やおにぎりなど一〇〇〇円程度の万引きをしてしまった、六五歳を超えた高齢女性を刑務所に収容する意味があるか甚だ疑問である。

こうした万引きなどの窃盗犯にしても、常習累犯窃盗の規定にしても、諸外国と比較すると、日本は、小額の窃盗に対して、刑務所での実刑に処すなど厳しい制裁で臨んでいる。

そもそも人を刑務所へ収容すれば、一人当たり年間約三〇〇万円のコストがかかる。受刑者には健康保険が適用されないため、病気に罹患する可能性が高くなる高齢者は、医療費を賄う国費の出費も増額させる。懲役刑から拘禁刑へ変わろうとも、刑務所での単調な繰り返しの日課が認知症の予防になるとは思えない。

二〇二二年の刑法改正によって、再度の執行猶予を付けるのが容易になった。高齢者の軽微な万引きの場合には、刑務所で受刑させるのではなく、社会において再犯を防止するためのプログラムが充実されるのが望ましいのではないだろうか。

3 保護観察所における逸脱行動

更生保護と矯正の課題

二〇〇七年「更生保護法」が成立し、翌年六月から全面施行された。この法律によって、保護観察対象者に「特別遵守事項」として、犯罪の種類及び保護観察対象者の特性に応じて専門的処遇プログラムを受けることを義務づけることが可能になった。

二〇一二年七月に「再犯防止に向けた総合対策」が犯罪対策閣僚会議で策定され、再犯防止が政府の重要施策になった。さらに二〇一六年に「再犯の防止等の推進に関する法律」が制定され、翌二〇一七年には「第一次再犯防止推進計画」が閣議決定された。

これらのことによって、更生保護法が成立して以降、実施されていた「覚せい剤事犯者処遇プログラム」、「暴力防止プログラム」、「飲酒運転防止プログラム」、それ以前から開始されていた「性犯罪者処遇プログラム」の充実が図られた。たとえば「覚せい剤事犯者処遇プログラム」は「薬物再乱用防止プログラム」へと、その範囲を広げた。

「薬物再乱用防止プログラム」は、保護観察の開始後、まず薬物再乱用防止のコアプログラムに二週間に一回、三か月以内に五セッション参加し、月に一回で年一二回の発展プログラムを受講しつつ、尿検査など簡易薬物検出検査を受ける。

「性犯罪者処遇プログラム」は、カナダの認知行動療法プログラムに基づいて作成されたものである。保護観察の開始後、同じく二週間に一回、三か月以内に「性犯罪のプロセス」、「認知のゆがみ」、「自己管理と対人関係スキル」、「被害者への共感」、「再発防止」の五セッションのコアプログラムに参加したのち、再犯防止計画が立てられ、セルフチェックシートを用いて自己コントロールを行うとともに、保護観察官との面接を定期的に実施するというものである。

二〇二三年には「第二次再犯防止推進計画」が閣議決定された。そこでは「第一次再犯防止推進計画」と同様に、「就労・住居の確保」の必要性が再確認されるとともに、「保険医療・福祉サービスの利用の促進」、「学校等と連携した就学支援」、「犯罪をした者等の特性に応じた効果的な指導」、「民間協力者の活動の促進」、「地域による包摂の推進」及び「再犯防止に向けた基盤の整備」などが謳われている。

刑務所等を出所して帰住先のない人に対して住居をきちんと確保したり、就労先を斡旋したりすることは、非常に根本的で重要なことである。医療、福祉、保険へとつなげていくことも非常に重要なことであり、ぜひとも推進される必要がある。

ただ、細かくその内容が定められ、百花繚乱で試行錯誤状態となっている専門的処遇プログラムについては、とまどいを覚える面がなくはない。社会構造や、更生保護の制度や体制などがまったく異なる国から、その国で効果があるとされるプログラムだからということで、制度の違いを無視してさまざまなプログラムがわが国に移植されようとしているからだ。

あたかも、保護観察所のセッションに参加するだけで、再犯が防止されるかのごとき構成となっていることにも疑問なしとは言えない。このことは、わが国独自の保護観察制度とも関係している。

世界でもまれな保護司制度を持つが

日本には、犯罪者や非行少年の立ち直りに助力してもらう保護司制度というものがある。約五万人にも及ぶ一般の人々の協力によって成り立つ、世界でも類を見ない制度である。

この貴重な制度を無視して、一〇〇〇人——といっても、実働隊はおそらく七〇〇人程度にすぎないと推測される——足らずの保護観察官（公務員）が中心となって、保護観察の対象者と部分的に接触するレベルで問題の解決を試みても、はたして十分な成果を得られるのか疑問が残る。

保護司が行っているのは、対象者の生活環境の違いを把握して、日常生活における行動観察、たとえば家庭訪問などを通じて、対象者の性格やその家族との人間関係を把握したうえで、再犯や再非行を防ぎ、犯罪や非行からの離脱へと導くのである。

海外では、こうしたことが可能な国はなく、これは日本の保護観察のたいへん優位な点である。だが、目指すべき方向は、保護司制度を充実させ、それを強化する方向で保護観察を発展させるべきであるにもかかわらず、それとは逆の方向へと進んでいるのだ。現在の保護観察官による講座プログラム中心主義は、水面に映っている月を掬《すく》い取ろうとするようなもので、保護司の協力がなければ、せいぜい表面的な成果しか得られない。

保護観察官は、保護観察対象者が保護観察所に出頭して、よそ行きのかしこまった心理状態で面接を受けたり、緊張してテストに臨んだり、早く保護観察を終了させたいという動機から、処遇プログラムに参加しているときの姿しか知らない。しかし、ふだんの日常生活において、普通に考えたり、動いたり、仕事などをしたり、くつろいでおしゃべりをしたりしているところを見てはいない。

筆者の保護司の経験からは、保護観察対象の少年を担当して数か月が過ぎてようやく信頼関係ができ、正直に話をしてくれるようになる。警察、検察、家庭裁判所の調査官、裁判官、そして保護観察官のいずれもが、ほんらい彼らが把握しているべき少年の行った犯罪行為やその動機と背景について、ほんの一部しか把握していなかったということに気づかされる。それらこそが、その少年が立ち直っていくために、とても重要な意味を持つのである。

保護観察官は、その職責が変わったり、転勤したりすれば、そこで関係は途絶える。保護観察対象者にとって、住居や就職先が必要な場合には、そうした便益を提供してくれる手段としては役に立ち、感謝されることだろう。言うまでもなく、これらの便益の提供は非常に重要である。ただし、仕事上の事務作業のように行われれば、うれしくもなんともない。保護観察対象者にとって保護観察官は、自分の処分について決定権を持っている役人でしかない。一方で、保護司はただの市井《しせい》の人で、身近に通常の生活をしている人であるからこそ、保護観察対象者にとって参考にもなりうる有益な存在なのである。

じつは、処遇プログラムが百花繚乱となっているのには、隠れた背景がある。

従来の保護観察官は保護観察を一生の仕事とするという使命感を持って、保護観察対象者の更生に専念してきた。しかし、現在、さまざまな国家資格がつくられ、大学にそれを取得するための学部や学科が設けられ、その数が増加している。それに伴って、それを教授する現場経験を持った教員が求められるようになっている。

保護観察官は、保護観察官として一生を過ごすのではなく、大学教員等になるというキャリアパスの可能性が出てきた。しばしば実験的な変更を伴って行われている多様な処遇プログラム、新規の制度や試みはほんとうの意味で保護観察対象者の立ち直りのためではなく、保護観察官自身に資するものとなってきているのかもしれない。

保護観察官は、そのマンパワーからも明らかなように、保護観察の対象者との間には、空間的にいっても時間的にいっても、さらに心理的にいっても、非常に大きな空隙《くうげき》を抱えており、「十分ではないところ」が非常に大きい。保護観察官は、保護司を単に自分たちの「十分でないところを補」うための、使用人か手先のようにみなして使うのではなく、保護司と協働して、保護観察対象者を更生へと導いていく仕組みを構築することが必要ではないだろうか。

第4章　誰のための裁判所か

1　裁判所は独立しているか

裁判所とその制度の在り方

裁判所は他の国権の機関である「国会」や「内閣」から独立し、三権分立を堅持しているはずである。だが残念ながら、そうとは言えないのが実情だ。

学校教育の社会科には次のように示される。国会は裁判所に対して、裁判官の弾劾裁判を行うことができる。裁判所は国会に対して違憲審査権を持つ。内閣は最高裁判所（最高裁）の長官を指名し、裁判官を任命することができる。裁判所は内閣に対して違憲審査権を持つ。

ただし、確かに最高裁判所長官の指名と裁判官を任命する権限は内閣にあるが、裁判所はその独立性を保つために、最高裁判所長官が後継者の推薦を行う。また最高裁判所裁判官については、最高裁が候補者のリストを提示し、内閣がそのなかから選ぶことが慣例になっている。

ただし、従来は一名の候補者を提示していたが、現在は、複数の候補者に優先順位を付けて提示しているとのことだが、それでさえも順調に機能せず、内閣が主導権を発揮する機会が増えているという。

三権は、このように形式的な独立性が保障されてはいるが、互いに牽制し合うだけの関係性にはない。

裁判所は、毎年、自らを存続、維持するために予算を通してもらう必要がある。予算の要求にあたっては財務省との折衝を経て、国会で、裁判所の予算案を承認してもらうことが必要となる。また、裁判所は、裁判と裁判所に関する法律について、法務省と交渉して法律案を作成して国会へ提出してもらい、国会で承認を得て成立させ、内閣に施行してもらう必要もある。これもありていに言えば、法務省対策が必要ということだ。

一九七〇年代、国会の与党やその支持団体によって、裁判所に対して、裁判官が偏向した団体に加盟しており、偏向した判決を下しているという批判が強力に展開されたことがあった。元々は東京大学法学部の学者で、その後、刑法と民法の権威となった教授（加藤一郎、平野龍一ら）の呼びかけによって設立された団体であった。これを受けた最高裁の事務総局は、裁判官に対して、偏向したとされる団体から脱退するように働きかけ、大多数の裁判官を脱退させた。

この団体に所属する司法修習生に対して、裁判官として採用することを取り下げることを数年間にわたって続けた。また、裁判官は一〇年ごとに再任用されるが、この団体に加入している裁判官を、継続して任用するのを拒否したりもした。

そもそも裁判官は独立した存在なのか

先にも確認したように、日本は、その根本的な制度として三権分立を取っている。裁判所の独立は、一人一人の裁判官の独立でもある。はたしてそのようになっているのだろうか……。裁判所は行政、とりわけ法務省と密接な関係を持っている。法律や予算の関係ばかりではなく、人事交流も盛んだ。裁判所は、法務省へ裁判官を派遣する一方で、法務省から検察官を受け入れている。これは「判検交流」と呼ばれている。

検察官は、刑事事件は得意だが、民事事件はそれほどではない。そのため、裁判所から派遣された裁判官が、法務省で検察官として、民事事件を担当したり、民事法分野に関して法律案の作成や政策の立案と施行などを行っている。他方で検察官が裁判所へ派遣されている。

現在、一〇三人の裁判官が法務省に派遣されている（第二〇四回国会　衆議院　法務委員会　第三号　令和三年三月一二日　高井崇志の質問に対する竹内努政府参考人〈法務省大臣官房政策立案総括審議官〉の発言）。法務省における、課長相当職の地位にある検察官と裁判官の割合は約三八対三四であり、裁判官出身の課長相当職の数は検察官出身の課長相当職の数とほぼ同数と言ってもよいほどだ。法務省における、局長相当職の地位にある検察官と裁判官の割合は約五〇対三八であり、法務省における裁判官出身の局長相当職も検察官出身の局長相当職の数と遜色のない数となっている（第一九二回国会　参議院　法務委員会第九号　平成二八年一一月二二日　山下雄平の質問に対する高嶋智光政府参考人〈法務大臣官房審議官〉の発言）。

裁判所から派遣された裁判官は、とりわけ民事局と訟務局に多く勤務している。民事局では局長及び課長は裁判官が占めている。民事局も訟務局も、ほとんどの検察官が裁判官である。

しばしば問題になるのは、訟務検事についてであろう。行政事件で国が被告になった事件を担当する。住民や国民から国が訴えられた事件について、被告である国の代理人として弁護を務めるというものだ。

これは、裁判官が法務省で国を弁護する役割を徹底的に学習し、訓練しているようなものである。裁判官が裁判所に戻ったのち、集中的に訓練され実践された思考と弁護の戦略・戦術を拭い去ることは容易ではないと考えられる。思考の回路がロールプレイ（役割演技）をしているどころの騒ぎではなく——すなわち、遊びや模擬ではなく——勝つか負けるかの本番の真剣勝負をする。学習効果は計り知れず、行政機関の守護神の思考の回路は、無意識のうちに内面化されてしまうだろう。

行政訴訟では、ほとんどのケースで、原告側の国民・市民が敗訴する。

ある事件において、原告である住民が、事件を担当することになった裁判長がつい最近、訟務局から戻ってきたばかりの裁判官であることに気がついた。調べたところ、その裁判官が過去に法務省で訟務検事として担当していた事件が、今回訴えた事件と類似していることが分かった。そのため、公平な裁判が期待できないとして、その裁判長を忌避する申し立てを検討していたところ、裁判所が急遽、担当の裁判長を差し替えたということが起きたりもしていた。

法務省へ派遣された裁判官は、裁判所へ戻ってきたのち、エリート裁判官として出世していく。法務省の民事局長になった人のほとんどは、全国に八か所ある高等裁判所の長官に昇りつめる。さらに、一九七五年から二〇一五年までの四一年間に法務省の民事局長となった一七人のうちで、六人が最高裁判所の裁判官になっている。

2　料亭司法／談合と癒着

料亭接待と談合の陰で

二〇二一年五月、改正少年法が国会で成立し、二〇二二年四月から施行された。少年法の適用年齢は二〇歳に維持されたが、一八歳、一九歳は特定少年と呼ばれ、一七歳以下の少年とは異なる扱いを受けるようになった。

家庭裁判所の少年審判で、原則として少年院送致や保護観察などに付することができず、成人と同様に地方裁判所で裁くために、検察官送致をする犯罪の種類が増えた。また、犯行時一八歳、一九歳の少年については、起訴されたのち、マスメディアは実名を記載したり顔写真を掲載したりして、成人と同様の報道をしてもかまわないということになった（二〇二一年少年法の審理及び制定過程については、拙著『新版　少年犯罪　18歳、19歳をどう扱うべきか』〈平凡社新書〉二〇二二年を参照）。

一八歳、一九歳を少年ではなく成人として扱うという提案が戦後最も早く示されたのは、一九六六年のことである。法務省は、『少年法改正はいかにあるべきか　少年法改正に関する構想説明書』（法務省編、法曹会発行、一九六六年）を出版した。

一九七〇年に、この内容に沿った「少年法改正要綱」を提示して、「少年法を改正する必要があると思われるので、別紙要綱について意見を承りたい」として法制審議会に諮《はか》った。通常は、ほぼ白紙状態で諮問するところ、少年法について法務省が自ら具体案を提示して、それについて審議するように求めて諮問を行ったため多くの反発を呼んだ。

この案に対して、今日では想像が難しいことだが、最高裁は強く反発した。法制審議会の少年法部会は紛糾して長期化し、結局、最終的な結論に至ることはできず、一九七七年になってようやく「中間報告」というかたちでまとめられ、法務大臣に「中間答申」が行われて一段落した。

放送局の司法記者によって家庭裁判所の歴史物語（家庭裁判所の戦後の草創期から一九七〇年代頃までの話と、東日本大震災の時期の仙台家庭裁判所について書かれた）の本が出版された（『家庭裁判所物語』）。裁判所からさまざまな人を紹介してもらって、聞き取りをした本で、今まで知られていなかった裁判所の内部に関する情報が盛り込まれている。

ただし、じつは、その当時に中心的活動をしたメンバーの多くはすでに亡くなっていたため、生存している数少ない人や周囲にいてサポートをした人、関係者の遺族から聞き取りをしたり、資料の提供を受けたりしてまとめたものになっている。

この本のなかで、最も興味深いのは一九七〇年代の少年法改正論議に関する記述である。法制審議会の少年法部会の会議に臨む直前に、少年法改正に反対する学者、弁護士と裁判所関係者が話し合いと打ち合わせをして、会議に臨んでいたという。しかし、裁判所と弁護士会とのハネムーンはやがて終わりを迎える。

当初の法務省対裁判所と日本弁護士連合会（日弁連）の連合軍という対立図式は、裁判所が法務省案と妥協を図ることによって伝統的な、というか因習的な紋切り型の法務省と裁判所の連合軍対日弁連という図式に移し替えられていった。

じつは、最高裁は、それまで協力関係にあった日弁連や研究者たちにはまったく知らせず、方針を変更し、法務省との妥協を図った。最高裁と協力関係にあった日弁連と研究者のグループにとっては寝耳に水の出来事であった。

舞台裏で秘密に行われた交渉によって、法務省と裁判所の妥協が成立して試案がつくられ、その成立が目指されたのだ。法務省と裁判所の合意の確認がどのようになされたのかを、この家庭裁判所の歴史物語の本は、以下のように書き記している。

亀山の記憶では、この「試案」がまとまった後、赤坂の料亭に法務省と最高裁の幹部が集まっている。最後の確認作業と双方の「手打ち」の場であった。法務省の出席者は事務次官となった安原と亀山、最高裁からは事務次長だった矢口洪一と裾分だったという。

（清永聡『家庭裁判所物語』日本評論社、二〇一八年、二二〇頁）

筆者は、裁判所と法務省が料亭接待による談合政治をしていたなど想像だにしなかった。この本は貴重な記録を残してくれたと言うことができる。

亀山とは亀山継夫で、一九七〇年から法務省刑事局の参事官で、一九七六年から刑事局青少年課長を務めた（なお、刑事局青少年課は現在は存在しない）。その後、本省、高等検察庁、最高検察庁や複数の地方検察庁の検事正、法務総合研究所長、広島高等検察庁長官を経て、名古屋高等検察庁長官で定年退官した。弁護士登録をして大学教授となったが、ほどなくして最高裁判事に任命されて二〇〇四年まで務めた。

安原とは安原美穂で、一九七三年から法務省刑事局長、一九七七年から法務省事務次官、東京高等検察庁検事長を経て、一九八一年からの約一年半、検事総長を務めた。

裾分とは裾分一立で、当時、最高裁事務総局の家庭局で第三課長、第一課長を務めたのち、複数の地方裁判所勤務を経て、一九七二年二月から七七年四月まで五年以上にわたって家庭局長を務めた。少年法改正への最高裁の対応を一段落させた後、一九七七年に地方裁判所の所長として転出する。だが、一年余りで病死した。

フルネームで記述されている矢口洪一は、当時は最高裁事務総局事務次長で、その後、浦和地方裁判所と東京家庭裁判所の所長、最高裁事務総局事務総長、東京高等裁判所長官を経て最高裁判事、最高裁長官になった。

この席に事務総局事務次長として出席している矢口洪一は、事務総局での経験の質、長さと豊富さから「ミスター司法行政」とも呼ばれた人物である。議論の対象とすることから、もう少し説明を加えたい。

矢口洪一は、最高裁での勤務年数が長いばかりではなく、経理局の営繕《えいぜん》課長、経理課長、総務課長を経て、人事局長、民事局長、行政局長、総務局長（事務総局事務次長の兼任）という四局の局長を経験し、事務総局事務次長から事務総長となった。その間、先に述べたような種類の異なる裁判所の所長も務め、最終的に最高裁判事から最高裁長官に就任した。なお通常では、最高裁事務総局でせいぜい一局の局長しか経験しない。四局の局長を務めたのは特異なことであった。

最高裁事務総局経理局で、主計課長及び総務課長兼営繕課長を合わせて八年間、さらに司法研修所の教官も務めた裁判官の石川義夫は、回想録『思い出すまま』を残している。

石川は、矢口洪一の後任の栗本一夫経理局長のときに営繕課長を務めた。以下は、司法研修所の教官をしていたときのエピソードである。なお、石川はこの後、地方裁判所・家庭裁判所長などを務め、東京高等裁判所部総括——裁判官が三人の合議で裁判を行う場合に裁判長となる——裁判官となり、定年よりも早く退職し、公証人になった。

後期の終りが近づいたある日、田宮上席教官と次席の私が矢口人事局長に呼び出された。問題は青法協に所属する修習生が判事補任官を志望した場合、これを如何に処置するかということだった。矢口氏は田宮氏に「研修所教官の方で、疑わしい連中の試験の成績を悪くしておいてくれれば、問題は解決するじゃないか、何とか考えてくれ」と言った。要するに、青法協所属の修習生の任官を人事局の責任で拒否することをしたくないので、研修所教官の責任で拒否しようというのである。田宮氏は「教官にはそんなことは出来ません」と言下に断った。私はこの件について、矢口氏の名誉を慮って、今日まで他言しなかったが、目的のためには手段を選ばない矢口氏の手法を思うと、こんなことがあった、ともっと早い時期に公にすべきであったかと後悔している。

（石川義夫『思い出すまま』れんが書房新社、二〇〇六年、一九九—二〇〇頁）

青年法律家協会（青法協）に所属する司法修習生を裁判官に任官させない方針を推し進めたのは矢口人事局長であった。矢口は、人事局が隠密裏に不採用にさせるために、研修所の教官であった田宮上席教官と石川義夫教官に、「研修所教官の方で、疑わしい連中の試験の成績を悪くしておいてくれれば、問題は解決するじゃないか、何とか考えてくれ」と依頼し、田宮上席教官がそれを断ったという出来事が書かれている。

最高裁事務総局の裁判官である幹部職員で人事部門の最高責任者が、最も公正であるべき試験の成績の採点の不正、成績の改竄さえもいとわず、それを求めるというのであれば、検察庁特捜部の主任検察官による証拠の改竄を非難できるような立場にはいられないことになろう。

この本には、施設の改修や修理などのために業者との打ち合わせに使われるべき会議費が、局長同士の会合後に行く銀座のクラブや寿司屋での飲食代にも充てられていたことが述べられている。

業者と打ち合わせするための費用が目的外に流用されていることに、石川裁判官は問題を感じていた。嫌々ながらお供をしていたが、部下の課長補佐からもほどほどにしてほしいとの苦情が寄せられるほどだったという。こうした金の使い方は、矢口が経理局営繕課長のときに営繕会議費を大幅に増額したことによって可能になり、はじめられたことだと述べている。

以下に、その部分に関する記述を示す。

経理局長が主計課長である私に「石川君、今日だけちょっと付き合い給え」と言葉があり、それから両局長に田宮経理局総務課長と私がお伴して銀座の某クラブ、三原橋の某寿司店などへと赴き、其処で十一時過ぎまで放歌高吟するという毎日だった。そのつけは毎月主計課の私のところへ回ってくるので、ときどき矢村課長補佐が言いにくそうに、私に「少し遠慮して貰えませんかねえ」と言うのだった。そのつけは「会議費」という名目で処理されたが、私も国民の血税がそのように無駄遣いされるのに耐えられず、先輩の矢口元課長に相談したことがあった。そのような経理局長室での習慣は矢口氏の経理局課長の任期中から始まっていたと思ったからである。矢口氏は自分の営繕課長任期中に大幅な営繕会議費の増額があり、予算は十分あるから心配するなと言った。しかし営繕会議費は営繕工事に関し工事関係者の間で行われる打ち合わせのためのものであるから、前記のような使い方が不当なものであったことは言うまでもない。

（同書、一七四―一七五頁）

さらに、石川元裁判官は、事務総長以下の幹部職員が大蔵省主計局の職員や与党の法務部会員の国会議員を、築地の一流料亭や銀座のキャバレーでもてなしていたとも述べている。その費用は、おそらく同様の費目から流用されていたと推測される。

後のことになるが、私のポストでは、前記の内部的な酒席のほかにも、私たち経理局の人間が大蔵省主計局の裁判所予算担当の主計官、主査、その下の事務官たちをもてなすためのしばしばかつもろもろの席、事務総長以下の総局幹部が大蔵省主計局幹部や自民党法務部会の会員などの国会関係者をもてなすための席もあった。それらの行われる場所は築地の一流料亭から銀座のキャバレーなどの各所に及んだ（後略）。

（同書、一七五頁）

裁判所が、大蔵省主計局と与党の法務部会の国会議員に接待攻勢をかけていたことを知らされてしまえば、筆者が驚愕した最高裁と法務省の赤坂の料亭での手打ち式など、最高裁の業務の一環にすぎず、驚くべきことではなかったのかもしれない。

独立と公正の理念から逸脱する癒着体質

矢口洪一についての考察をさらに進めよう。

御厨貴（東京都立大学、東京大学名誉教授など）は『後藤田正晴と矢口洪一の統率力』という本を出版している。この本は御厨が提唱する「オーラルヒストリー」（歴史研究のための聞き取り調査）の一環として、後藤田正晴と矢口洪一に対して聞き取りを行い、一冊の本としてまとめたものである。

後藤田正晴は、警察庁長官から内閣官房副長官となり、その後、政界に転じ、副総理、法務大臣、自治大臣、内閣官房長官、総務庁長官、行政管理庁長官、国家公安委員会委員長などを歴任した。

そこには以下の記述がある。

とりわけ、矢口の回想に出てきますが、昭和四十年代の後半、後藤田がまさに田中内閣の官房副長官になった頃からは、矢口と後藤田のあいだに非公式なチャンネルが出来上がっています。裁判所の中でのかなり重要な案件、最高裁判所の判事の任命から始まって、裁判官に関するいろいろな行政上の問題について、矢口は逐一、後藤田の了解を取っていました。

（御厨貴『後藤田正晴と矢口洪一の統率力』朝日新聞出版、二〇一〇年、二三八頁）

最高裁判所判事の任命、裁判官に関するいろいろな行政上の問題について、後藤田官房副長官に逐一了承を取っていたという。司法（裁判所）の行政（内閣）からの自立の欠如だと言えよう。

後藤田は、警察庁長官を退職した後、田中角栄内閣で官房副長官に抜擢される。政界への転身を図り、初戦でこそ落選したものの、再度の挑戦で国会議員となり、その後の経歴と影響力ゆえに矢口にとって二人の関係は多大な利益をもたらしたものと考えられる。

御厨も次のように述べている。

その後も、後藤田が政治家として、自治大臣、官房長官、総務庁長官、再び官房長官という官職にあったときに、当然のことながら、矢口も最高裁判所事務総長、最高裁判事、最高裁長官となっていくわけです。この二人のキャリアで、特に矢口が後藤田に負うたものは大きいと言えると思います。

また逆に、警察官僚出身の後藤田が、裁判所や司法に関して、ある知識と知恵を得たのは、矢口とつき合っていたからである、という面もあります。したがって、彼が宮澤内閣の法務大臣をこともなく務めることができたのは、そういう勉強の過程が後藤田にあったからだと思います。

（同書、二三九頁）

中曽根内閣の官房長官に招かれたのは、後藤田が田中派であり、田中角栄の助けがなくては少数派閥の中曽根康弘は政権を維持できなかったということがあるだろう。後藤田は田中角栄の懐刀とまで言われた人物であった。

戦前に内務省で後藤田の後輩だった中曽根は、先輩の戦前戦後を通した警察官僚としての経歴に期待したものと思われる。

後藤田が政界などで一目置かれ、周りから恐れられた理由の一つは、警備畑を歩んだ警察庁長官だったことだ。すなわち公安情報を持っていて、過去の捜査を含む情報にも容易にアクセスできたことにある。

国会議員は過酷な選挙戦を経て当選している。地元住民への、また選挙区での、いわゆるどぶ板的な活動の成果として国会議員の地位を獲得している場合が多い。選挙活動のなかには、公職選挙法違反が疑われるものもあるだろうし、選挙民への活動としては冠婚葬祭や後援会の活動に絡んだものまで含めて、脛《すね》に傷がない国会議員などいないだろう。

裁判官の任命に関わることとしては、警察が持っている最も価値が高い情報、公安情報である。「裁判官に関するいろいろな行政上の問題」という際の、「行政」というのは、第一に、言うまでもなく「司法行政」であろう。

人事局長として、ある団体に所属している司法修習生や裁判官を任用しなかったり、再任用しなかったりするためには、どの団体に所属しているか否か、どのような活動をしているのか、支持政党は何党か、どのような政治的な考えをしているのかといった情報を入手する必要がある。その入手ルートを獲得する手段として、後藤田の助けを得たとしても不思議ではない。

団体に所属する修習生の成績には、不当に悪い点を付けてほしいと依頼するほどの人にとっては、こうした個人情報を集めることなど大した問題ではなかったのだろう。時代背景として、当時は個人情報の保護について意識が低かったこともある。

瀬木比呂志元裁判官は、その著書『絶望の裁判所』のなかで、最高裁の調査官をしていたときに経験したエピソードを語っている。

最高裁判所調査官時代についても、一つ鮮明な記憶がある。

最高裁判所の裁判官と調査官の合同昼食会の席上、あるテーブルの最高裁判事が、突然大きな声を上げた。

「実は、俺の家の押入にはブルーパージ関係の資料が山とあるんだ。一つの押入いっぱいさ。どうやって処分しようかなあ?」

すると、「俺も」、「俺もだ」とほかの二人の最高裁判事からも声が上がった。

この時も、事務総局における会議の席の場合と同様に、しばらくの間、昼食会の会場が静まりかえったことを記憶している。

多数の調査官と、おそらくは裁判官出身以外の最高裁判事の多くも、こうした半ば公の席上で、六人の裁判官出身判事のうち半分の三人もが、恥ずかしげもなく、むしろ自慢気に前記のような発言を行ったことにショックを受けていた。

(瀬木比呂志『絶望の裁判所』講談社現代新書、二〇一四年、三二—三三頁)

ちなみに「ブルーパージ」という言葉について、次のように述べている。

ブルーパージとは、青年法律家協会裁判官部会、いわゆる青法協裁判官、左翼系裁判官に対する、再任拒否まで含めたさまざまな不利益取扱いや、人事の餌で釣っての青法協からの脱会工作を意味する。

（中略）

ブルーパージは、いわば、最高裁判所司法行政の歴史における恥部の一つ、その代表的なものであり、常識的には、それについてこうした合同昼食会の席上で大声で自慢気に語りうるようなものとはおよそ考えられない事柄だからである。しかし、当の裁判官たちは、そのことに気付いてすらいなかったように思われる。

さらに瀬木元裁判官は、次のような説明を加えている。

当時のキャリアシステム出身最高裁判事の少なくとも半分が前記のような行為に深く関わっていたことを示す事実であり、おそらくは、その行為が、彼らが最高裁判事に取り立てられた重要な「実績」でもあったに違いない。

（同書、三三―三四頁）

任官の可否または再任の可否に関するとされる、裁判官や司法修習生の情報資料が、（複数の）最高裁判所裁判官の押し入れがいっぱいになるほどに収集されていた。その資料を秘密裏に処分する必要があるが、その方法に困っていることを示唆する発言が臆面もなくされている。

他方で、ブルーパージのとき、それを主導した人事局長であった矢口は、御厨の取材に対して、各裁判所の所長はその裁判所に所属する裁判官や職員についての情報を高等裁判所や最高裁判所へ上げてこない、と語ったことも述べられている。さらに同書の、「裁判官に関するいろいろな行政上の問題について、矢口は逐一、後藤田の了解を取ってい」たということを考えれば、それは裁判所だけの内部情報で集められるようなものではない。おそらくその収集にあたっては、裁判所の範囲を超えて収集された可能性があると推測される。

なお、御厨は「富田朝彦元宮内庁長官の日記（いわゆる「富田メモ」）を私が見せてもらった時の印象では、後藤田と富田、これはもちろん警察官僚の先輩・後輩にあたりますが、それに矢口を加えた三人は、家族ぐるみでもよくつき合っていることが明らかになっています」と記述している（御厨、前掲書、二三九頁）。

石川裁判官、御厨貴らによって情報提供される最高裁判所とその幹部の行動には、裁判所の独立と公正の理念からの甚だしい逸脱が顕著なのはまことに残念なことである。

3　裁判官の人事は公正か

恵まれた報酬

日本国憲法第七六条三項では、「すべて裁判官は、その良心に従ひ独立してその職権を行ひ、この憲法及び法律にのみ拘束される」と定められている。

上司の指示に従って仕事をする必要はまったくない。もし所属する裁判所の所長がその裁判官の扱っている事案に対して助言や指導をしてきたら、それは憲法違反となる。たとえ駆け出しの判事補であろうとも、自由に誰にも拘束されず、気を遣うことなく仕事ができる。給与も恵まれている。

裁判官は、判事補として採用されて一〇年目に再任され判事となる。判事の俸給は八号から一号まである。その上に高裁長官、東京高裁長官、最高裁判事及び最高裁長官がある。

裁判官になって約二〇年で、四号俸までは誰でも平等に昇給していく。四号俸から三号俸に昇給するかどうかに関して差異が生じる。報酬の月額で、三号俸から二号俸への差は約八万円、五号俸から四号俸は約七万円なのに対して、四号俸から三号俸への差は約一五万円である。これがボーナスなどに影響するため四号俸と三号俸の年収の差は約三〇〇万円になる。四号俸の年収は約一六三〇万円。三号俸の年収は約一九三〇万円である。

平均的な給与所得者と比べればとても高額である。割り当てられてくる事件の処理に追われる毎日であること、日々の執務において、魂を売り渡さないで「憲法と法律と良心にのみ基づいて」判決を下す人生を送ることを考えれば、遜色のない金額だ。

だが、その労苦に報われているとも言えない

裁判官を数年で辞めて弁護士になり、積極的な文筆活動をしている森炎の『司法権力の内幕』(筑摩書房、二〇一三年)のなかに興味深い記述がある。

裁判官は、検察官を「泥の中をはいずり回っている武骨者」と、他方で検察官は、裁判官を「本当は何もわかっていないデクの棒」と見ているという。

二〇〇九年八月から裁判員裁判が開始された当初、頻繁に法廷で裁判員裁判の傍聴をしたことがあった。じつは、筆者は、社会や一般の人々との接触が乏しい裁判官に、はたして裁判員裁判の法廷を運営する能力はあるのか、と密かに心配していた。しかし、意外にも上手に運営しているので感心したことがあった。

裁判員との円滑なコミュニケーション能力を持ち、裁判員に適切で控えめな質問をするように導く。すなわち、裁判員が裁判官席に落ち着いて座っていられるようにする。裁判員から突飛な質問や過激な質問が出ないように、穏やかな雰囲気づくりをする。裁判員にとっては、初めて刑事事件に接し、いきなり重大な事件を担当し、事件の詳細を知ることになることも多いので、強いショックを受けないように心理的な配慮を行う。初めて刑の宣告を経験することから、当該の事件に対して事大主義に陥り、検察官による求刑を超えるなど過度に厳罰的な判決を下して、他の同種の事件への判決と均衡を崩したりしないように導くなどである。

前に述べたように、旧司法試験の合格率は約二％で、受験者のうちで五〇〇人に一人しか合格しなかった。旧司法試験に合格するのは容易なことではなかった。あえて言えば優れた頭脳を持つ一方で、人格や人柄に偏りがあったとしても不思議ではない。裁判官の数も現在の約二分の一にすぎなかった。地方裁判所の裁判長として、優れた対話能力を持っていて、無作為で選ばれた裁判員をまとめていく資質がある裁判官の数はそれほど多くはないと推測していた。

おそらく裁判官のなかから、特にそうした能力と資質を持った裁判官を地方裁判所の裁判員裁判の裁判長に選んで、充てていたのであろう。裁判員裁判の導入時に活躍し、現場で見事に大役を果たした裁判長たちが定年退職の時期を迎えている。ただし、その最終的な地位は、たとえば、地方裁判所の支部長であったりして、裁判所への貢献と比較してけっして高いとは言えない。他方で、事務総局で制度設計にあたったり、法務省へ出向して、制度に関する法務省との調整などを行った裁判官は、最終的に高い地位に就いて定年退職を迎えている。

ある裁判官らの勇気

筆者が職場で接したことのある二人の裁判官を取り上げよう。

一人は、大飯原発の運転停止を命じ、高浜原発の再稼働差し止めの仮処分を認めたH裁判官である。もう一人は、小田急電鉄高架化工事の中止を命じたり、入国管理局による外国人に対する退去強制の命令を取り消したりなど、国側や行政側を敗訴させる判決を多く出し、杜甫の著名な「春望」という詩をもじって「国敗れて三部あり」と話題になったF裁判官（当時、民事三部に所属）である。

H裁判官は、福井地方裁判所・家庭裁判所で部総括として、住民からの提訴を受けて、大飯原発の運転差し止めを命じる判決を下した。また、住民が高浜原発の再稼働差し止めの仮処分を求めたのに対して、それを認める決定をした。

大飯原発の運転差し止めの判決に対しては、電力会社が控訴した。名古屋高裁金沢支部の部総括の裁判官は地方裁判所の判決を破棄、大飯原発の運転を認めた。なお、この裁判官は、口頭弁論開始の一か月前に東京高裁から異動してきた裁判官であった。

H裁判官が認めた高浜原発の再稼働差し止めの仮処分は、その後任の裁判官によって取り消された。この裁判官は、最高裁の民事局付の経歴があり、H裁判官よりも一四歳も若く、四五歳で福井地家裁の部総括に就任した。

判決後、国の原発政策に反する判決を下したがゆえに、H裁判官は名古屋家庭裁判所の部総括に左遷されたという言説がジャーナリズムやSNSに数多く現れた。しかし、筆者にはそうは考えられない。本人も原発に関する判決によって不利な扱いを受けたとまでは思っていなかったと考えられる。

H裁判官は、判決後の転勤先の裁判所で不満を持って仕事をしているようには見受けられなかった。裁判官の職業的使命感を持って、個別のケースに丁寧にあたり、過去の豊富な経験に基づいて、信頼できるバランスのよい判断を下していたと思う。

福井地家裁で大飯原発に関する判決と高浜原発に関する決定を下したのは、定年まで残すところ約二年の時点であった。福井地家裁での勤務は三年目で、すでに翌年四月の異動は織り込み済みだったはずだ。

司法修習を終えた後、福岡地裁に判事補として任官し、静岡へ赴任して以来、過去数回の転勤で最も長かったのは大阪高裁である。若いときには九州の宮崎、和歌山の田辺支部に赴任している。中堅になってからは、大阪と名古屋に加えて、四〇代で熊本の玉名支部へ転勤している。

大阪高裁ののち、愛知県半田の地家裁の支部長を経て、福井地家裁の部総括に着任した。なお半田支部では、主要には家事事件（離婚、相続など家庭に関する事件全般のこと）を担当し、調停委員との交流も含めて充実した勤務生活を送っていたようである。自宅は出身の三重県にあり、福井地家裁からの異動先として、自宅から通勤できる名古屋家裁の部総括であれば好都合であり、手慣れた家事事件を担当するのであれば不満はないだろう。定年まで一年数か月を過ごす勤務地と職務内容としては最適ではないだろうか。

裁判官として、国策とは異なる判決を出したが、人生において、今まで裁判官をしてきた労が報われる経験だったに違いない。裁判官は事件を自分で選ぶわけにはいかない。基本的に受け身の人生である。裁判官生活の最終段階で、原発の差し止めを求める住民の提訴が自分の担当事件に入ってきたのは、幸運なことだった。しかも判決がその赴任地に勤務する最終年となっており、万が一にも、最高裁が次の赴任先に関して不利な扱いをしようとしたとしても、報復できない状態だったとも言える。

もし、Ｈ裁判官が裁判官のキャリアとして残存期間が長い時点でこの判決を下したのであれば、左遷される可能性があったかもしれない。しかし、権力というものはもっと狡猾である。とりわけ裁判所は、たとえそれが見かけ上のものであったとしても、公正さが要請される世界だ。裁判の判決の直後にその裁判官に不利な処遇を行ったとしたら、懲罰的な人事をしたということで、裁判に対する干渉だという批判を招きかねない。

したがって、通常は、その直後は避けて、その判決から数年がたち、因果関係を指摘するのが容易ではなくなった頃を見計らって、じわじわと制裁的な措置が行われることになるのだろう。

Ｆ裁判官は、若くして最高裁事務総局の民事局付の裁判官となり、最高裁事務総局で行政局の参事官及び第一課長、第二課長ならびに第三課長などを歴任した。あえて言えば超エリート裁判官だった。東京地方裁判所の民事事件の部総括になって、国と地方自治体にとって不利となる判決を複数出した。二〇〇一年、小田急線高架化事業の取り消しを命じる判決を出し、〇四年、首都圏中央連絡自動車道あきる野インターチェンジ建設のための土地収用決定を取り消した。

とりわけ著名なのは、二〇〇一年の、住民を勝たせ、国と東京都を負かして大きな影響を与えた小田急線高架化事業の取り消し判決である。

この判決は二点で画期的であった。

一つは原告適格の問題である。従来、こうした行政訴訟は、訴えを起こした住民に対し訴訟を提起する資格がないとして門前払いし、国や地方自治体を勝たせることが多かった。今回も国と東京都の代理人は、小田急電鉄に用地を売却した地主には原告の資格があるが、周辺住民には原告の資格がないと主張した。これに対して、F裁判長は、高架化によって騒音や振動の被害などを受ける周辺住民にも訴えを起こす資格があると認定した。

二つ目は、小田急電鉄が混雑解消のために複々線化するという目的で高架化を推進したが、これは元々の都市計画に反することを東京都が違法に行ったと指摘した。さらに、この高架化工事について行われた国による環境アセスメントのずさんさを指摘して強く非難し、住民が求める地下化をしたとしてもそれほど高額な工事費にはならない、地下化によって住民が求める騒音公害なども防ぐことができたとし、運輸省による工事の認可を取り消したことである。

この取り消しは、原告はそこまでの割合ではないと主張するが、小田急電鉄はすでに七割以上の部分ができあがっていると主張する高架化に対して、工事の認可を取り消したことで話題を呼んだ。

なお、この判決が下されたにもかかわらず、小田急電鉄は工事を継続し、控訴した高等裁判所で、この判決は覆された。上告審の最高裁判所は、周辺住民に対し原告適格は認めたが、国や東京都に裁量権の逸脱や違法性はなかったとした。

Ｆ裁判長は、小田急線高架化事件以外にも、先に述べたインターチェンジの土地収用事件で、インターチェンジ建設計画の作成にあたって十分な調査が行われてこなかったとして、建設大臣による事業認定と東京都による土地収用の決定の取り消しを命じ、原告の住民を勝訴させた。

これらの判決は建設省と東京都の反発を招くとともに、結果的に、他の裁判官の反発をも招いたと考えられる。というのは、被告である国の代理人の活動を担当しているのは、裁判所から法務省に出向して訟務検事として働く裁判官だからである。さぞや法務省のみならず最高裁判所の中心的な部局の不興を買ったことであろう。また、法務省の訟務局や民事局で検事として働いたのち裁判所に戻ってきた裁判官から、逆恨みされたりした可能性もなくはなかったと推察される。

訟務検事の問題点については、司法分野を専門とした著名な新聞記者の野村二郎も次のように指摘している。

訟務局検事は裁判所との交流人事があり、同局で国の代表として法廷に立って弁論をしたあと再び裁判所に戻り裁判実務につく。検事は行政事件などには不慣れなことや、裁判官が具体的事件にタッチすることは経験を重ね有益という考え方があるなどのためである。

しかし、裁判の一方の当事者である国の代理人として法廷活動をした者が、裁判官に返り咲く人事には、公正さから疑問が指摘されている。特に国が当事者になる行政事件を担当することには厳しい批判が起こっているが、この人事が改められることは今のところなさそうだ。

(野村二郎『法曹シリーズ3 日本の検察官』早稲田経営出版、一九九四年、二一二―二一三頁)

F裁判官は、日本に在住する外国人についても有利な判決を出した。外国人に対して法務省の担当部門が出した退去強制の処分の取り消しを命じたのである。

たとえば、難民申請をしたアフガニスタン国籍を所持する少数民族のハザル人に対して、法務大臣が難民の資格を持っていないとし、強制送還の決定をして入管の施設に収容した。これに対し、その収容決定の中止を求めた訴えについて、これを認め収容決定の中止を命じた。国内法の出入国管理及び難民認定法による収容条件に該当せず、わが国が批准している国際法の難民条約に照らすと難民の認定を受ける蓋然性があるとした。身柄を収容することは身体的・精神的にダメージを与える過酷な環境に置くことになるとともに、他の国に対する難民申請や入国許可を求める活動の妨害にもなると認定し、収容の中止を認めた。

名古屋高裁に異動したのちも、退去強制に関する裁判姿勢に変化はなかった。さらに名古屋高裁では、二〇一七年二月、労働基準監督署が労災を認定しなかった決定に対して、その決定を取り消す判決を下した。

この事件は、自動車会社の二次下請けに勤務していた三〇代の夫が虚血性心不全で死亡したが、労働基準監督署は労災の認定をせず、遺族補償給付及び葬祭費の支給を行わないという決定をした。これに対して、妻がこの不支給の決定を取り消すように求めた訴訟である。第一審の地裁は労働基準監督署の決定に間違いはないとして妻の請求を拒否した。これに対して妻が控訴し、高裁でF裁判長の部が担当することになった。

第一審では、労働基準監督署が認定基準に照らして、六か月前は残業時間が長かったが、直前の数か月は過労死の基準とされる月一〇〇時間以上の残業をしていなかったため労働災害ではないとした。

F裁判長は第二審で、認定基準を満たさないことが業務に起因することを否定するものではないとした。このケースでは八六時間であったが、夫がうつ病に罹患していたことを考えると、うつ病に罹患していない人が一〇〇時間以上の残業をしたことに匹敵し、うつ病による早期覚醒から睡眠時間が五時間以下となっている場合に、脳疾患に有意に作用したと考えられるという専門委員会の報告を参照して、労働基準監督署長による不支給の決定を取り消す判決を言い渡した。双方が上告せず、この判決は確定した。

ただしF裁判官は、常に国にとって不利な判決を下していたわけではない。

たとえば、第一審において国税庁が自動車部品メーカーのデンソーに対して課した一二億円の追徴課税を取り消した決定を、第二審で覆し支払うように命じた。

デンソーは第一審で、海外の子会社は株式保有のためではなく、そのアジア地域を統括する事業を行っていたと主張し、タックスヘイブン税制の適用を除外されると主張した。企業側の主張が第一審の名古屋地裁では認められ、一二億円の追徴課税が取り消された。国はこれを不服とし、デンソーは一部認められなかった部分について不服として、双方が名古屋高裁へ控訴した。

これに対して、F裁判長は、デンソーが主張するシンガポールの子会社が行っているとされる地域統括事業は、株主保有事業から独立した個別の業務とはなっていないとした。

したがって、タックスヘイブン税制の適用対象外とは認められず、一四億円の所得は国内の法人の所得として損益計算に算入されるべきだと認定した。

原審をすべて取り消し、控訴審での企業の申し立ても却下し、国税局を全面的に勝訴させた（ただし、デンソーは最高裁判所へ上告し、最高裁判所の第三小法廷は、子会社の業務に相当の規模と実体があったと認め、デンソーの勝訴が確定した）。

F裁判官は、最高裁事務総局で行政局の三つの課長という、裁判所では超エリートの職を務めた。

ただし、地方裁判所の部総括として、行政への影響の大きい訴訟で住民を勝訴させた複数の判決を下した後、医療訴訟を担当する部へと異動した。さらにより影響の小さい地方裁判所の部総括を比較的長く務めた。高等裁判所へ異動したのち、再び、地方裁判所――それも前回よりもランクの低い地方裁判所――の部総括になるなど、足踏みをしている。

関東を離れ、今まで赴任したことがない中部地方の、地方裁判所と家庭裁判所が合わさった小規模の裁判所の所長に赴任した。おそらくこの赴任は屈辱的だったに違いない。というのは、最高裁事務総局で三つの課長を務めるという超エリートであったにもかかわらず、地方の小規模裁判所の所長に、自分よりも採用時期の遅い後輩の後任として赴任することになったからである。

このような人事は、裁判所関係者であれば、誰も想像できないことであろう。たとえ本人が気にしなくても、裁判官たちにとっては目をむくようなこととして受け取られたことだろう。

裁判官村という小さな世界に棲む裁判官たちにとって、それはF裁判官がそれまでに下してきた判決に対する最高裁判所の評価であり、そうした判決を下すとどのような処遇を受けることになるのかという証左として——ありていに言えば一種の見せしめとして——受け取られたことは間違いない。じつは、自分よりも後輩の後塵を拝して、地方の裁判所の所長になったばかりではなく、F裁判官の後任は、彼よりも五期遅い——五年後輩の——裁判官が所長として赴任してきた。こうした人事は、確実に他の裁判官を萎縮させる、つまりチリング効果を持ったと考えられる。

そもそも東京地裁の部総括の後、それよりもランクの低い裁判所の部総括として赴任し足踏みをさせられることがすでに異例だったと言ってよい。小規模裁判所の所長を一年務めた後は、高裁所在地ではあるが傍系とされる家庭裁判所の所長となった。家庭裁判所長を一年務めた後、高等裁判所の部総括になる。しかし、東京高等裁判所ではない。

民事局付裁判官、行政局参事官、行政局の三つの課長を務めた時点では、誰もが将来、高等裁判所長官になるサラブレッドと認識したことだろう。せめて東京の高等裁判所の部総括くらいは務めるべき人材であったことは間違いないと思われる。

4　好待遇の暮らしとは

子育てにも恵まれた職場環境

裁判所は、子育てに恵まれた職場環境にある。それは二つの要因による。一つは、日本において最も法を遵守しようとする機関だからである。職場がその体制を最善の状態に整備しようとすることに加えて、労働者の権利を尊重する姿勢が貫徹しているからだ。すなわち産前・産後休業（産休）や育児休暇（育休）を取得しやすいように配慮がなされている。

もう一つは、優遇された特権階級にある。

日本において最も恵まれた被雇用者として裁判官がいる。裁判所は裁判官と、書記官や事務官などの一般職員の二重構造になっている。また、家庭裁判所には、書記官よりも優遇された国家公務員の総合職に該当する専門職の家庭裁判所調査官がいて、微妙な三重構造になっているとも言える。

家庭裁判所を用いて説明すれば、裁判官に適用されている優遇策が家庭裁判所調査官に準用される。次に、それと同様の条件が書記官・事務官にも適用される。子育てのための優遇的な対応が全体に浸透し、全体がレベルアップされる仕組みだ。

じつは、裁判官同士の結婚はとても多い。その場合、とりわけ子どもがいれば、勤務地は近いところに設定される。双方が自宅から通勤可能な裁判所が勤務地である。一方が地方裁判所で他方が家庭裁判所というように、職場が向かい合った庁舎ということもある。

夫婦で裁判官であれば、合計年収は三〇〇〇万円程度になり経済的にとても恵まれた家庭と言える。たとえ勤務地が多少離れていて通勤手当の上限を超えるようなことがあったとしても、そのために経済的に疲弊するというようなことは起こりえないだろう。

また男性の裁判官も一年間の育休を取得しやすい。子どものことを考えた長期の夏休みも保障される。女性の裁判官には、子どもが一学期を終了する直前から連続的に長期の夏休みに入る人もいる。

家庭裁判所調査官の場合も、勤務地に関して裁判官の夫婦と同様の配慮がされている。夫婦の家庭裁判所調査官が一人は家事部でもう一人は少年部で、といったように隣同士の部屋で働いていることもある。

家庭裁判所調査官も、就職当初は行政の国家公務員総合職と同等程度で専門職として自由度が非常に高く、地位の上昇とともに、一般の行政職の給与を引き離していく。

家庭裁判所調査官は裁判官の調査命令に基づいて、少年非行や家事調停の事件を担当し、その調査を開始する。しかし、家庭裁判所調査官は、親権の帰属に関する家族や面会交流に関する家族の調査などを担当していても、あえて言えば、自分の子育てのスケジュールを配慮して家庭訪問や試行面接などの日程を決めることができる。

圧倒的多数を女性が占める家庭裁判所調査官の育休の取得率は高く、そのことは書記官についても同様である。筆者が家庭裁判所家事調停委員として配属されていた家庭裁判所では、所属する家庭裁判所調査官の四分の一から三分の一は常時、産休または育休の取得中であった。

そうした場合、家庭裁判所調査官を定年退職した人が産休補助職員として勤務する。したがって、従来、六〇歳で定年退職した家庭裁判所調査官は、通例として家事調停委員となっていたが、今やその数は激減した。元家庭裁判所調査官は家庭裁判所調査官の臨時雇用となっている。

好待遇の陰で、現場で起きている弊害

ただ、恵まれた労働環境である分、利用者にしわ寄せがいくこともある。現状では、裁判所の仕事が回らないと述べる部総括の裁判官もいるほどであり、あえて言うならば、裁判所に勤務する人のための裁判所になってしまわないような工夫が必要である。

一例をあげよう。

調停の当日に、担当の家庭裁判所調査官が予定されていた調停を――たとえば、子どもが発熱したといった理由で――直前にキャンセルする。その場合、代わりの家庭裁判所調査官が出席はするものの、何も具体的なことは発言できない。そのため、今回せっかく当事者に来てもらった調停が実質的に無駄になる。

子どもや親子関係のことを考えると、できるだけ早く面接をし、面会交流を再開する必要がある。親権者等を決定するための調停を早く進める必要があり、当事者たちもその気持ちが強いにもかかわらず、予定が立てられない。

とりわけ新型コロナウイルスの感染が問題になっていたような時期には部屋の確保も難しく、調停の日程でさえも数か月先になってしまうことが起きていた。

申立人や相手方である利用者がせっかく仕事の休みを取って、家庭裁判所まで遠路出て

きたにもかかわらず、ほとんど無駄足になってしまった。

家庭裁判所の現状を示すものとして、新年度に異動してきたり、職場に復帰したりした家庭裁判所調査官や書記官の挨拶の文章で、子育てについて触れているもののなかから二例のみ要約して紹介しよう。

・育休明けの家庭裁判所調査官の挨拶の例

子ども二人について育休を四年間取得して、四月に職場に戻ってきました。経験が乏しいとともに、自分の育休中に法改正があったので、以前とは状況が異なる分野を、七年ぶりに担当することになりましたので、よろしくお願いします。

・育休明けの書記官の挨拶の例

一二年前に書記官に任官しましたが、二度の育休を取ったので、実際の仕事の経験年数は六年ほどになります。初めての分野の仕事のためご迷惑をかけるかもしれませんが、よろしくお願いします。

裁判所はすばらしい労働環境を提供している。それは日本の他の職場が理想として実現する目標にふさわしいと言ってもよいものだ。ただし、現状を見ると、裁判所が利用者のことを第一に考えるのではなく、裁判所に勤務する人のための機関となってしまっている面もなくはない。

利用者を尊重した、利用者にしわ寄せがいかない、利用者優先のシステムへと改善したり、工夫したりする必要があるだろう。

5　裁判所が改善すべきこと

外国人が利用しやすいシステムへ

裁判所が、利用者や国民（人々）を尊重し、皆の利益を実現しやすい機関となる必要があることを述べてきた。「国民」だけではなく、「利用者」としたり「（人々）」としたのは、家庭裁判所の離婚などの家事調停や民事裁判を利用するのは国民に限らず、多くの外国人も利用しているからである。

筆者も、在日の人、フィリピン人、中国人、ブラジル人、ペルー人、ボリビア人をはじめとする外国人の離婚に関する問題を担当した。

日本人夫とフィリピン人妻の夫婦というように一方が日本人というのではなく、フィリピン人夫婦、ブラジル人夫婦、ブラジル人とボリビア人の夫婦といった、夫婦とも外国人というケースもある。

刑事裁判とは異なり、家事調停では母国語の通訳を家庭裁判所が用意することにはなっていない。現在は、当事者が、通訳が必要だと考える場合にのみ、家族や親類縁者、知人・友人を補助的な通訳として伴って来庁し、家庭裁判所の許可を得て調停に同席することができる。

また、外国人の場合、どの国の法律に基づいて――これを「準拠法」と呼ぶ――決定すべきかという問題が生じる。

たとえば、先ほどの日本に在住するブラジル人とボリビア人夫婦の場合、三か国の法律が候補としてあがるが、どれを準拠法として選択すべきかを判断し、次にその国の法律に基づいて決定する必要がある。日本の家庭裁判所での調停の決定がどのような法律的な効果を持つのかについても国によって異なるのだ。

個人情報やプライバシーをどのように保障するかという課題や、法律的に乗り越えなければならない懸案はあるが、今後、国際化の進展に対応して、外国人が利用しやすいシステムを遅滞なく構築していく必要があるだろう。

裁判所自らの情報発信が必要である

裁判所は、国会、内閣、裁判所という国家の三つの分立した権力のうちで、最も厚い秘密のベールに包まれている。自らが情報発信することは少ない。

裁判所にせよ、検察庁にせよ、広報や庶務課へ問い合わせをしても、個別のケースについてはお答えできないとか、個人情報に関わることなので回答できない、などという常套句が返ってくる。

裁判で判決が確定したのち、刑事事件の裁判に関する書類記録は最終的に検察庁へ送られる。そこで、検察庁へ出向いていって、情報公開の申請を出しても、渡される書類は、最も知りたいと考える部分は黒く塗りつぶされていて、自分が知りたいと思って申請したことについて新しいことは知りえず、何の役にも立たない。

これほど「丁寧に」点検して細かな点まで気をつけて塗りつぶすという作業が、税金で行われていると思うと、情けない気持ちになる。申請しても、事務官に余分な仕事をさせるだけのことで、結局、自分としてもほしい情報が得られないという結果に終わるくらいであれば、勤務時間をもっと有益な仕事に回してもらい、税金を無駄遣いさせないほうがいいと考えて、筆者も申請することは控えるようになってしまった。

あるマスコミ関係者が、最高裁判所へ、裁判所職員の不祥事とその処分についての記録を申請したが、出てきたのは事務官と書記官に関するもののみで、裁判官に関するところはすべて墨が塗ってあったとのことである。事務官と書記官についても、処分の年月日、行った行為、所属の裁判所、処分についての簡潔な記載のみであった。

裁判所が、このように個人情報保護等を名目として情報公開を拒む最大の目的は、裁判所にとって不利な情報を外部に知らせず、そのことによって裁判所に対する批判をさせない、ということである。

『論語』に「由らしむべし知らしむべからず（知らしむべからず、寄らしむべし）」という言葉がある。人々には知らせず、依存させればいい、頼らせればいい、すなわち従わせればいいということである。これが戦前の内務省の基本方針であったということを聞いたことがあった。国民主権の時代になって約八〇年になるが、官公庁の方針は何も変わっていないのだろう。

裁判所は、自らを誤りのない存在として提示しようとし、間違いを指摘されることを極端に嫌い、批判を避けようとする。そのため秘密主義となる。これでは、経験や教訓が共有されない。知識が蓄積、伝達されなくなる。国民が事件について正確に知り、その事件からより一般的な特性を引き出し、そうした犯罪の発生をなくしていくための防止策を考案する機会を奪っている。国民による、犯罪に対する真に効果的な防止策の実施が妨げられるばかりではない。裁判所に対する要望や批判も出しにくい。したがって、裁判所自身や裁判官自身も向上したり、改善がもたらされる機会が奪われてしまっている。

家庭裁判所の少年事件に関してもこのことが当てはまる。少年審判は非公開である。ただし、社会的に注目された事件では、少年審判の決定の要旨が、担当裁判官の判断によって公表されることがある。しかし、それはあまりにも簡略で、それを見ても、どうしてその行為に至ったかなどの意味を理解することはできない。また、どうしたら、そのような犯罪や非行を少年たちが犯したりしないようになるのか、どのようにすれば周囲の人々がそうした犯罪や非行の兆候に気がつき、防止することができるのかなどの教訓を得るには至らない。

本来はここから、他の少年たちにとっても非行や犯罪に陥らないために有益であり、育てる親にとっても子どもを犯罪や非行に追いやらないために有益な、より普遍的な命題や教訓を取り出すことができる。個人情報に十分に配慮したうえで、裁判所は、そのための情報提供をするように心がける必要がある。

家事事件の調停や審判も同様に非公開である。しかし、たとえば、遺産分割についてもそこから得られる教訓は大きい。遺留分（遺言によっても奪うことのできない法定相続人の権利）の侵害はどのようなときに起きやすいか、遺留分の侵害ではどのようなケースが多く、侵害をしないために、また侵害をされないためにはどうしたらいいのか。

個人情報に十分に配慮し、個人が特定されず、プライバシーが保持されるような工夫をして、情報を提供することによって、人々は紛争を事前に予防することができるようになる。

分割協議では、当人ではなく配偶者が関与することによって対立がエスカレートしたり、修復不可能なほどに激化することがある。どのようにすれば、そうした介入を避けることができるのか。そして、どうすれば過度な介入にならないようになるのか。どのような段階と状況で、妥協の方向に転じて合意点を見出せるのか――。

決定的な対立に至らないための注意事項などの知識が共有されることによって、人々は多くの教訓を学ぶことができるのだ。

再び少年事件を例として、いま一度、裁判所は情報公開を心がける必要があるという説明を付け加えることにしよう。

出生や家族関係、成育歴について詳細に記載されている社会調査票は、プライバシー保護の観点から、いくら被害者といえども、まして一般社会の人々に対して閲覧させることはできない。少年が家族内で被害にあっているような場合はなおさらである。

だが社会調査票について、プライバシーへの配慮を十分に行ったうえで、少年の行為とその処分との関係について、人々の納得が得られるような説明を提供することが望ましい。家庭裁判所では、この点について十分な情報提供が行われていないきらいがある。少年たちの行為について、その責任が少年にのみ帰すことができないような場合、そのことについて、きちんと説明することによって、人々の納得が得られる。

事件に関する情報は、「発生」時点では警察発表で、次に検察が発表する。だが、家庭裁判所へ送致された後に、その情報が遮断されてしまうのだ。最終的には、まれに少年審判の決定の要旨が発表されることがある。少年審判の決定の要旨でさえも、一九九七年に神戸の連続児童殺傷事件の際に担当した裁判官が気骨と信念を持っていたので、予想される最高裁判所からの叱責をものともしないで、発表した。そして、その後、社会的関心が高い事件に関しては決定の要旨を公表することが慣例化した。

しかし、それはあくまで決定の要旨のみであって、短く、当該の事件の背景を含めて理解するには不十分なものである。さらに、そこからより普遍的に該当し、それを聞いた人が少年犯罪を防止するために役に立つ教訓を引き出せるほどのものとは言えない。

それとても、ないよりはましなのかもしれないが、とりわけ重大な犯罪を行った少年に対する処分が、少年院送致となるような場合の情報は十分ではない。もちろん、精神疾患を抱えているなどした場合は、特に個人情報に十分な配慮が必要だろう。

そうした配慮を行ったうえで、より丁寧な説明を公表することによって、単に少年院送致では処分が甘すぎるといった誤解を解き、短絡的な批判を鎮静化させることができるのだ。人々の誤解によって、少年司法のシステムを揺るがしてしまうような事態も避けることができ、裁判所、少年及び国民にとって有益と考えられる。

裁判所は閉鎖性を打ち破り、国民（人々）に対して開かれた存在として、国民（人々）のものとなる必要があるだろう。

第5章　司法の再生を考える

1　刑事司法とその再生策

残る「人質司法」の問題

日本の刑事司法においては、長期間身柄を拘束して取り調べが行われる、いわゆる「人質司法」の問題がある。身柄を長期間隔離し、連日にわたって長時間の取り調べを行ってつくられた自白調書について、日本の警察、検察の課題として指摘されてきた。日本の裁判所は、そのようにして作成された自白調書を安易に証拠として採用し、それに寄りかかって裁判を進め判決を下している。

第2章でも、大阪地検特捜部による、障害者団体に対する郵便割引制度に関する厚生労働省の女性局長の無罪判決、神奈川県のO化工機に対する起訴取り消しについて紹介した。

大阪地検特捜部による、郵便割引制度について無罪判決を受けた厚生労働省の女性局長は一六四日にわたって勾留された。この事件の捜査の際に、主任検事によって行われた証拠改竄に伴って逮捕された大阪地検特捜部の部長と副部長は一二〇日も勾留された。立場が逆転した元特捜部長は、長期勾留の過酷さとその問題点を指摘し、取り調べの録音・録画の必要性を訴えた。

元日産のカルロス・ゴーン社長は、ようやく認められた保釈中に、楽器のケースに隠れてプライベートジェットで国外へ脱出した。逃亡先のレバノンで記者会見を開き、いつ終わるとも知れない、長期にわたって身柄勾留して延々と自供を迫る日本の取り調べが、中世の暗黒裁判と変わりのない人権を無視した異常なものであることを世界中へ知らせた。

長期勾留とともに、あらゆる手段を使って、自分たちの描いたストーリーに沿った自供を得ようとする検察の姿が如実に表れている。

自分が逮捕され勾留されて初めてそのつらさが分かった、と元大阪地検特捜部長は述べているが、やはり警察官や検察官自身が研修などで体験学習をすべきなのではないかと考えられる。

勾留される場合、最初の二泊三日に加えて、さらに一〇日間の勾留を二回の二三日間まで延長できる。そのような体験をする余裕はないのかもしれないが、せめて二泊三日に数日を加えた程度の勾留を経験してもいいのではないだろうか。

また有罪率の高いこと、起訴率が低いことは謙抑《けんよく》主義（刑罰は、やむをえない場合のみ適用すべきであるという考え方）の表れと言うこともできる。

しかし、立証が容易ではない事件で、起訴するに値する事件にもかかわらず、きちんと起訴していないのではないかという懸念も持たれている。その場合の基準としては、権力による犯罪に対しては果敢に立ち向かっていく必要があるということになろう。

他方で、たとえ有罪を立証するのが容易で、一〇〇％立証できるからといって、単純な微罪事件を起訴して有罪判決を獲得して、起訴件数や有罪件数を稼ぐようなことはするべきではない。

近年、窃盗（万引き）によって刑務所への受刑を繰り返す人に対して、刑務所を仮釈放された段階で社会福祉につなぐ試みがなされるようになった。また、起訴するか否かの時点で、起訴から有罪にして刑務所に収容するのではない取り組みが開始されたようだ。だが、相変わらず旧来どおりに起訴して刑務所へ送ることをよしとする風潮もある。起訴前の段階で適切に評価し、社会に留めたうえで、万引きへの依存を脱する行動変容をもたらして窃盗をやめさせる、という取り組みがさらに積極的に推進されることが望まれる。

警察官や検察官が被疑者に成り代わって、一人称の独白体で作成される自白調書はいかにも不自然である。精神鑑定も、対象者と精神科医との会話は、会話として記述されている。供述内容は会話体で書かれ、それを説明する文章については、検察官の一人称で記述されるというのが本来の調書の姿であろう。

「焼け太り」という弊害

欧米に見習うべきは、取り調べに弁護士を同席させることだ。司法分野の場合には、問題が発生した際に、「焼け太り」になることがしばしば見られる。「焼け太り」とは、失敗をしても、損をしないでかえって得をする結果になるということだ。

火災保険に入っている家が出火して火事を起こしてしまうと、多額の保険金が下りて、その家を新築することができ、結果として得をしてしまうことから来ている。社会統制機関がミスをすると、その結果かえって有利になることがある。刑事司法では、不祥事が起きると機関の人員、予算や設備が増強されることが多々ある。

たとえば、一九六八年に永山則夫による連続ピストル強盗事件が起きた。当時のマスメディアでは触れられることはなかったが、判決文でも述べられているように、じつは、永山則夫は保護観察中であった。こうした凶悪な事件の再発を防ぐ意味から、保護観察官の定員が一〇〇名ほど増員された。約一割増強されたのだからその意味は大きい。

また二〇二〇年、少年院を仮退院した一五歳の少年が、家族を含めて受け入れ先がなく、ようやく受け入れ先が決まった更生保護施設へ到着したが、その直後に出奔して、福岡市の中心部の商店街で通行人の女性を刺殺するという事件が起きた。このことから、少年の更生保護施設に社会福祉士または精神保健福祉士を一名配置するという予算措置が取られることになった。

先に述べたように、大阪地検特捜部において検察官による証拠改竄事件が起きた。無実の厚生労働省の女性局長に対して、長期間にわたって勾留して自白を迫る取り調べを行っていた。この事件が無罪となって明るみに出たことで、被疑者の人権を保障し、それを無視するような取り調べを防止するために、取り調べの可視化が導入された。

しかし、他方で、贈収賄事件の取り調べにおいて、検察官にとっては非常に有力な武器となる「司法取引」が容認されることとなった。取り調べをしている容疑者に対して刑を軽減することを申し出て、その代わりに、検察がターゲットとしている他の容疑者を有罪とする証言や証拠を得ることが可能となったのである。

さらに取り調べの可視化においても、その制度が導入された趣旨が逆手に取られて、撮影された映像において、自白した部分のみをその前後から切り離して裁判所に証拠として申請し、むしろ有罪を立証するための手段として用いられるということが起きたりもしている。

映像による可視化よりも、あるいは映像による可視化とともに、弁護士の取り調べへの同席こそが認められるべきと考えられる。

司法改革によって法科大学院制度が導入されて、毎年、司法試験に合格して法曹資格を得る人が、従来の五〇〇人程度から、現在は一五〇〇人程度に増加し、事件数と弁護士数の需給関係のバランスが逆転している。

たとえば、通常の第一審で弁護士が付いた刑事裁判の数は、二〇〇三年に約七万九〇〇〇件あったところ、二〇二二年には約四万二〇〇〇件にまで減少している。民事裁判で弁護士が付いた件数は、二〇一〇年に約一七万五〇〇〇件あったが、二〇二二年には約一二万二〇〇〇件というようにピーク時から大幅に減少している。今の日本において、弁護士が多忙すぎて取り調べへの立ち会いなどしていられないという状態は脱しており、同席は可能となっているのではないかと考えられる。

検察は、自らが想定したストーリーに合致した供述を被疑者及び関係者から取ることが至上命題になっている。鍵となる動機や犯罪状況に関する供述、ある言質を取るためにさまざまなかたちでそれを肯定する回答を促したり、誘導したり、その発言へと至る質問をして執拗に尋問してくる。

起訴状に記した罪とその罪となる理由、そのことを今後法廷で立証するための証拠となる供述、法廷で裁判官から質問されたときの回答の準備を前提として行う。調書は、警察官や検察官の代筆による独特の独白で書かれる。あえて言えば被疑者は、取調者によって主語（主体）を奪い取られている。

勾留された場合、被疑者が、取調官が言っていることと事実は異なるが、そのことを認めることも認めないことも大きな違いがないからもういいや、と思って認める。そうすると、その一言がどの犯罪に該当するのかを認定する決め手となり、認定された犯罪の違いによって下される罰の軽重を分けたりもする。

たとえば、強盗殺人とされるのか殺人と窃盗の併合罪とされるのかは、被疑者の運命を大きく違える。殺人になるのか傷害致死なのかでまったく異なることは言うまでもない。「未必《みひつ》の故意」（意図的ではないが、そうなることが予測される行為をしてしまうこと）の認定も微妙である。強盗とみなされるのか、窃盗と傷害の併合罪とみなされるのかも大きな違いをもたらす。

犯意の認定や犯行に着手したとされる時期が重要なポイントとなるが、被疑者の多くはそのことに無頓着であったりする。その一言が、文字どおり死刑になるのか無期懲役になるのかの生命の存否に関する分水嶺となりうるのだ。

計画の有無、計画の時期と計画性の程度、さらに、準備に該当するとみなされることをしたのかしないのか。したとして、それをいつの時点でどのような順番で行ったのかという細かな時系列に沿った行動の経過も、重要なポイントになる。

相手が自分に成り代わって――主語（主体）を奪われて――自分の言葉として発して記述するため、そうかもしれないと思ってしまったりもする。被疑者には些細な違いに思われるが、法律的には大きな違いとなることについて、警察官や検察官の誘導に応じて、安易に妥協して、間違ったことを認めてしまわないように注意する必要がある。

自分では注意する能力に欠けていたり、一抹の不安が残るようであれば、そのことについての知見を持った人が付き添える環境が必要である。これは、筆者が特に少年の重大事件の調書を読んだり裁判を傍聴したりして実感させられたことである。

一九八〇年代末に、少年たちが集団で起こした強盗殺人事件があった。主犯格の一九歳の少年に対して、第一審で死刑の判決が下されたが、控訴審の高等裁判所で無期懲役に減刑されて確定した。この事件では、共同の謀議で被害者を殺すということがいつ決まったと認定するのかが、犯行の計画性、悪質性の問題に直結し、二つの異なる判決が導かれたポイントであった。

露呈する制度的な不平等

二〇一〇年、東京地検特捜部は、民主党幹事長であった衆議院議員の小沢一郎に対する政治資金規正法違反容疑で、小沢一郎の元秘書である国会議員と秘書らを逮捕した。小沢一郎の資金管理団体・陸山会の収支を正確に記載しなかったとして、元秘書の国会議員と秘書が有罪になったが、小沢一郎は捜査の対象となったものの、関与を証明することはできず、検察庁としては最終的に小沢一郎を不起訴とした。

この事件について、検察審査会へ申し立てがなされ、審理の結果、「起訴相当」の決定がなされた。これを受けて検察庁は再び不起訴としたが、検察審査会は二回の審理を行い、再度「起訴相当」の判断を下した。このため、その決定を受けて弁護士が検察官となって地方裁判所に起訴したが、無罪の判決が下りた。それを不服として、さらに高裁への控訴が行われたが、やはり無罪判決が下された。

通常、検察審査会において、検察庁は自ら下した不起訴の決定が妥当であることを論証するところ、逆に起訴へ持ち込むために、虚偽の捜査報告書を検討の資料として提出した。その報告書では、その当時、参考人として事情聴取した対象者からそのような発言はなかったにもかかわらず、特定の部分だけ会話体で記載されていた。

こうしたことからも、会話体の調書も可能であることが分かる。また、容疑者の取り調べにおいて、そのような発言があったのか、なかったのかは容易に判断が可能になる。取り調べが録音・録画されていれば、それとの整合性も担保されるし、調書の記述も正確になる。なお、この調査報告書のケースでは、対象者はまだ参考人であったため、検察庁による録音・録画はなされてはおらず、参考人が秘密裏に録音したICレコーダーの内容によって、調査報告書の記述が虚偽であることが明らかになった。

したがって、参考人からの聴取にあたっても、警察や検察に録音・録画の義務を課すか、参考人の希望に応じて行うか、参考人が自らの意思に基づいて録音・録画を行うことを認容するかなどの変更が必要になろう。

現在の日本の取り調べ状況のままで、起訴率を上げることは好ましいとは考えられない。検察官が有罪を確証できるものに絞って起訴をすることは、好ましい謙抑主義の一つの表れと考えることができる。オーストリアをはじめとする欧米諸国のように、有罪になる可能性が半々という場合にも、刑事裁判所に起訴するということが望ましいとは言えない。

それ以前の時点で、被疑者を長期間逮捕して勾留したり、別件逮捕などをして長時間その人に対する取り調べを行って自白を迫る捜査方法をまず改める必要がある。こうした取り調べの状態が継続したうえで、起訴率が上がり、有罪率が低下するというのは望ましくない。

それは、財田川事件（一九五〇年に香川県財田市で発生した強盗殺人事件で、一九歳の少年が逮捕されたが、一九八四年に無罪確定）、免田事件（一九四八年に熊本県人吉市で発生した一家四人に対する殺傷事件で、一九八三年に無罪確定。なお、この事件では、窃盗で別件逮捕し自白がなされた）、島田事件（一九五四年に静岡県島田市で発生した女児誘拐殺人事件で、一九八九年に無罪確定）、松山事件（一九五五年に宮城県松山町で起きた一家四人に対する放火殺人事件で、一九八九年に無罪確定）をはじめとする死刑判決が最高裁判所で確定しながら、のちに再審請求が認められて無罪となったようなケースを生みかねない。

同様に、犯罪を行っていないにもかかわらず、無期懲役の判決を受けた足利事件（一九九〇年に栃木県足利市で起きた女児の殺人死体遺棄事件。幼稚園送迎バスの運転手が逮捕されたが、DNA再鑑定の結果、二〇〇二年に無罪確定）や布川事件（一九六七年に茨城県布川で起きた強盗殺人事件。二一歳と二〇歳の青年が逮捕されたが、二〇〇三年に無罪確定）のような冤罪事件を増加させることになりかねない。

ただし、有罪率が高いことは思わぬ弊害を生んでいる可能性がある。それは、裁判官が最初から有罪の心証を持って裁判に臨み、検察側の主張に寄りかかって有罪判決を下してしまうことだ。無実であるかもしれないという可能性、そもそも被告人は有罪の判決が下るまで無罪の推定を受けているという認識が甘くなってしまうことである。

ある裁判官を経験した弁護士は、対談で、裁判官は検察に寄りかかったり、「もたれかかる」どころか、「もたれこ」んで「うまく有罪判決を書」こうとする傾向があると説明している。

郷原　それは、検察にもたれかかるという裁判所や裁判官の心性のことですかね。

森　そうです。単に「もたれかかる」と言うより「もたれこみ」と言ったほうがふさわしいような潜在的欲望ですね。そのうえ、有罪率が99・9パーセントにまで高まる中で、裁判官のモチベーションは、いかにうまく有罪判決を書くかになっています。

（前掲『虚構の法治国家』、四二―四三頁）

裁判官は、たえず無罪の可能性を認識して審理にあたるという使命を持っていることを強く自覚する必要があるだろう。

以前、前田恒彦元大阪地検特捜部検事の講演を聞いたことがあった。印象に残ったことの一つとして、大阪から東京地検特捜部へ応援に行った際に、取調室の廊下に、特捜部の検事による取り調べについての怒号が反響していたことが、忘れられないという。

リクルート事件の被疑者であった江副浩正は、その著書の『リクルート事件・江副浩正の真実』で、特捜部による捜査で、特捜検事からどなられ、壁に向かって近接した距離で直立させられ、しかもその際に壁を直視するように指示されたということを述べている。今まで社会的に賞賛されたり会社でリーダーシップを発揮していた人物にとっては、他人からどうなられるということはたいへんな苦痛で屈辱であったと考えられる。

「バカヤロー！　お前は申し訳ないことをしたと国民に謝罪すべきなのに、何たる傲慢な態度だ。そんな態度をとられたのは、俺は初めてだ。特捜をなめるな！　特捜がどんなに恐ろしいところかお前はまだ分かっていない！」

K検事が机を持ち上げる。積み上げられた書類が私の側にドーンと音を立てて落ちた。

「立てーっ！　横を向けっ！　前へ歩け！　左向けっ左っ！」

壁のコーナーぎりぎりのところに立たされた私の脇に立って、検事が怒鳴る。

「壁にもっと寄れ！　もっと前だ！」

鼻と口が壁に触れるかどうかのところまで追いつめられる。目をつぶると近寄ってきて耳元で、「目をつぶるな！　バカヤロー！　俺を馬鹿にするな！　俺を馬鹿にすることは、国民を馬鹿にすることだ！　このバカ！」と、鼓膜が破れるのではないかと思うような大声で怒鳴られた。鼻が触れるほど壁が近いので、目を開けているのは非常につらい。目がかすみ、耳はぼうっとしてくる。

「目を開けていろ！　動くな！」

しばらくすると壁が黄色く見えてくる。目が痛くて、瞳孔が縮んだせいか壁に黄色いリングが見える。悲しくないのに涙が出てきた。壁に向かって至近距離で立たされ、目を開けることを強いられるのはとてもつらい。耳元の大声もつらい。かつてスキーで骨折し六週間ギプスを嵌めていた左足が痛い。次第に足の裏が鬱血してくる。

（江副浩正『リクルート事件・江副浩正の真実』中央公論新社、二〇〇九年、一三三―一三四頁）

＊なお、検察官の固有名詞はイニシャルへ変更した。

取り調べの録音・録画が導入された現在では、このようなことはもはやないと信じたいが、これは明らかに言語的、心理的、さらに物理的な虐待を加えていたと言わざるをえないであろう。

江副浩正が記述するように、会社の経営者であれば自分の会社のことが心配だが、検事が言うように容疑を否認していると、いつまでたっても保釈されることはない。そのため、これならばたとえ虚偽であっても検事の求めることを早く認めて保釈されて、会社運営にあたったほうがいいと考えるのも当然であろう。

このような二者択一へと追い込むことはけっして正義にかなったこととは言えない。「人質司法」と呼ばれている現状が、一日も早く改善される必要がある。

さらに、これは立法論に属するが、先に言及した前田元特捜部検事の講演を聞いたときに述べていたことがある。

それは、現代日本の刑事裁判は、検察官と被告人・弁護人を平等に扱うという擬制の上に成り立っているが、実際には、検察官がその組織力からいっても圧倒的に優位である。もし、第一審で無罪判決が下った場合には、それで確定にする必要があるというものである。

周知のように、アメリカ合衆国の陪審員裁判では、第一審で無罪の評決が下りれば、その時点で無罪が確定する。検察に控訴する権限はない。わが国でも、同様の制度が導入される必要があると考えられる。

従来は、第一審で有罪になっても、まだ高等裁判所があり、さらに最高裁判所があるというように希望を持つことができた。だが――このようなことを申し上げて恐縮だが――、今は上級審や最高裁の意向、自分の出世のことや給与面での待遇、転勤で不利な扱いを受けたくないといったことから、上級審や最高裁のことを気にして、上ばかり見ているいわゆる「ひらめ裁判官」が増えているとも言われている。

むしろ地方裁判所で無罪判決を受けたものの、高等裁判所で有罪となったり、より重罰となったりするケースを気にしなければならなくなったように思われる。

元裁判官の瀬木比呂志も対談で以下のように語っている。


実際、日本の裁判では、民事でも刑事でも、地裁が一番よく、高裁や最高裁がおかしいということが、多々ありますね。それで、良心派の裁判官たちも、だんだんやる気をなくしてしてしまう。刑事でも、地裁無罪、高裁有罪、それで確定したが冤罪だったなどということが起こる。（中略）「まだ高裁・最高裁があるんだ！」は、日本では、権力側の言葉なんです。

（瀬木比呂志・清水潔『裁判所の正体　法服を着た役人たち』新潮社、二〇一七年、一八〇頁）


これまで述べてきたように、裁判官を志す者は、せっかく憲法で保障されている「憲法」と「法律」と「良心」にのみ基づいて判決を下すことができる、というすばらしい職業的特性を享受しようとしない、あるいはそれらに基づいて判決を下すという職業的使命に忠実ではない者が増える状況にあるとするならば、まことに残念なことである。

一九六六年、静岡県旧清水市で一家四人に対する強盗殺人で死刑判決が下された事件では、二〇一四年に地方裁判所で再審決定がされながら、それが高等裁判所で覆されるという予想外の事態となった。

最高裁判所がその高等裁判所の決定を差し戻したのである。

高等裁判所は再審を認める決定を行い、それを受けて二〇二三年に地方裁判所で再審が開始された。死刑囚は長年の拘禁により心神喪失状態と認定され、二〇一四年に拘置を停止され、八七歳になっている。再審請求審をはじめとして、もうすでに十分に有罪の立証を行い、その主張が認められなかったにもかかわらず、検察庁が再審でさらに有罪の実証を繰り返すのは良識を欠いている。

かたや国家権力の力を借りて、圧倒的な組織力で十全の準備をして裁判に臨むことができるのに対して、弁護側の力は圧倒的に弱い。被告人も再審決定による仮出所が認められるまでは拘置所内に留められるし、弁護士も長年にわたって手弁当で、冤罪による死刑の執行を阻止し、正義を実現したいという使命感のみで取り組まざるをえないのは、あまりにも制度的な不平等を露呈しているのではないか。

被疑者及び被告人の権利の保障、検察と被告人・弁護人との実質的な平等及び裁判の公正が保障されるような刑事司法の改善が望まれている。

2　国際的に尊敬される地位の確保

刑事司法を国際レベルへ

日本の刑事司法が国際的に尊敬されるようになるためには、改善しなければならないことがいくつかある。

そのなかで最も重要なのは、死刑の廃止である。死刑の判決を国民に下させることは論外である。残念ながら、外務省などの政府関係機関によってその重要性が国民にきちんと広報されてこなかったため、国民の認識が低いレベルに留まっているのが現状だ。

世界の先進国のほとんどは、国連の「市民的及び政治的権利に関する国際規約」の「第二選択議定書」を批准することによって、死刑を廃止している（日本は、前者は批准しているが、後者は批准していない）。

銃があふれ、殺人事件が頻繁に起きているアメリカ合衆国でさえも約半数の州が死刑を廃止している。

死刑以外にも、日本の刑事司法制度で国際的に非難されたり、呆れられたりしている制度がある。たとえば、前節でも述べた長期間勾留して自白を迫る、いわゆる「人質司法」である。いまだに死刑制度を持ち、最も残虐な執行方法の一つとみなされている絞首刑をしているような国ならば、そうした人権侵害もしているに違いないと思われてしまう。日本がいくら人権を尊重していると胸を張って主張しようが、いわゆる「一事が万事」で、人権を尊重しない国だと思われてしまうのである。

また、死刑制度を持つことによって、さらに死刑に関連したさまざまな人権侵害にも目を向けられることになる。たとえば、死刑の執行を当日にしか知らせず、親族にも事前に別れの面会をする機会が与えられていない。そのことに対する非難は大きい。

残念ながら、日本は、国民が気がつかないうちに、たいへんな国際的損失を被っていると言っても過言ではない。

日本国憲法は第三六条で残虐な刑罰を禁止している。

日本国憲法第三六条

公務員による拷問及び残虐な刑罰は、絶対にこれを禁ずる。

しかし裁判では、死刑は日本国憲法に違反しないとされる。その根拠として参照される最高裁判所の判例は二つある。

一つは、一九四七（昭和二二）年、もう一つは一九四八（昭和二三）年の最高裁判所大法廷の判例である。

このような表現をして申し訳ないが、前者はこれが日本で最高の頭脳レベルにあるはずの、最高裁判所の一五人の裁判官が書く文章なのかと疑ってしまう。高学年の小学生のほうが、もっとまともな文章を書くに違いないと思われる。引用するのも恥ずかしくなるような文章である。しかし、紹介せざるをえないので次に示そう。

ただ死刑といえども、他の刑罰の場合におけると同様に、その執行の方法等がその時代と環境とにおいて人道上の見地から一般に残虐性を有するものと認められる場合には、勿論これを残虐な刑罰といわねばならぬから、将来若し死刑について火あぶり、はりつけ、さらし首、釜ゆでの刑のごとき残虐な執行方法を定める法律が制定されたとするならば、その法律こそは、まさに憲法第三十六条に違反するものというべきである。

（最高裁判所大法廷　昭和二二年〈れ〉第一一九号　尊属殺、殺人、死体遺棄被告事件
昭和二三年三月一二日）

死刑の残虐性について執行方法の問題に還元しているのが特徴である。それにしても、石川五右衛門の安土桃山時代ではないのだから、今の時代に日本の国民及び国会議員のいったい誰が「火あぶり、はりつけ、さらし首、釜ゆで」という死刑の執行方法を発議するというのだろうか。

もう一つ、一九四八（昭和二三）年の最高裁判所の判例は、以下のように述べている。

されればわが刑法においても現代文明各国の立法例と共に死刑を以て最重の刑として無期自由刑をこれに次ぐものとしているのである。
（最高裁判所大法廷　昭和二三年〈れ〉第二〇六三号　強盗殺人未遂、銃砲等所持禁止令違反被告事件　昭和二四年一二月二一日）

しかし、この判決からはすでに七〇年以上が経過しており、「現代文明各国の立法例」は、これとはまったく異なっている。南米諸国やアフリカでもほとんどの国が死刑を廃止

している。死刑を残して実際に執行しているのは、イスラム教諸国と中国、北朝鮮、インド、シンガポール程度である。

このなかで、中国は死刑の執行猶予制度を設けており、死刑の判決を受けながら実際に執行されないケースは数多くある。

裁判員裁判制度を導入し、一般の国民に重大な犯罪の裁判の事実認定、量刑、宣告に参加させながら、その選択肢の一つとして死刑の宣告を担わせることほど、人権の世界的基準から考えて、残酷なことはない。

わが国日本は、ほとんどの文明国の国民に、けっして課されることのない苦行を強いているのだ。

日本国民が、先進国のほとんどが批准している死刑廃止条約の存在を知らなかったり、日本の死刑制度が、国連の人権理事会やヨーロッパ評議会から批判されていることを知らされておらず、国内法の要請に黙々と従っている姿は、戦前の皇軍兵士の姿を思わせる。

守らねばならない国際条約

本書を終える前に、すでに下されている死刑判決で、国際条約の観点から問題になると思われるケースのなかから一つだけ紹介しておきたい。

現在の文明国のほとんどは死刑を廃止しているが、死刑を廃止していなくても、世界中のすべてと言ってもいい国々が、これだけは批准して守っているという国際条約がある。「子どもの権利条約（児童の権利に関する条約）」である。第三七条（a）では以下のように定められている。

第三七条
締約国は、次のことを確保する。
（a）いかなる児童も、拷問又は他の残虐な、非人道的な若しくは品位を傷つける取扱い若しくは刑罰を受けないこと。死刑又は釈放の可能性がない終身刑は、十八歳未満の者が行った犯罪について科さないこと。

「市民的及び政治的権利に関する国際規約」の第六条第五項にも同様の定めがある。なお、アメリカ合衆国は「子どもの権利条約」を批准していない稀有な、というかほとんど唯一と言ってもよい国だが、連邦最高裁の判決で同様に禁止している。
日本は二〇一二年、犯行時、一八歳一か月の少年に対する死刑判決を確定させた。これは世界中で一八歳未満の少年への死刑が禁止されているなかで、おそらく最年少の死刑判決である。けっして国際的に名誉なことではなく、人権を尊重している国とはみなされない。

とりわけ前章で述べたように、少年の事件に至るまでの背景に関する情報は社会一般には伝わりにくい。外見的な行動のみが強調されて伝わり、処罰を科そうとする言説のみが広く拡散され受容される傾向にある。

少年が、児童期に悲惨な環境に置かれていたり、親から虐待を受けていたり、対処できないような過酷な経験を課せられたのであれば、それは必ずこの少年の成育歴によるパーソナリティ形成と行動性向に影響を与える。また、生物学的年齢ほどに社会的に成熟していない。子どもの権利及び人権に関する国際条約への理解が必須と言えよう。

日本は、保護司制度などによって国際的に高い評価を受けながら、肝心要のところで最大の否定的な評価を受けることになるのはいかにも残念である。

日本各地の弁護士会でも死刑廃止の決議を行っている。杉浦正健、平岡秀夫など元法務大臣も廃止を唱えている。

日本は、経済においてアジア諸国に追い抜かれてしまった。せめて人権を尊重する刑事司法の国だと評価されるようになることが、日本が国際的に尊敬されるための必要な条件だと考えられる。

おわりに

筆者は、虫の眼と鳥の眼の両方を持つことを心がけてきた。

虫の眼として、できるだけ対象に近いところに身を置いて観察することを試み、鳥の眼として、対象をより広い視野から考察することに努めた。

虫の眼としては、たとえば大学院の時代に、大阪の日雇い労働者の町である釜ヶ崎（あいりん地区）に住んで、朝早くから工事現場の作業に出かけた。また、今では許されない調査方法ではあるが、病院長の許可を受けて、精神病院の閉鎖病棟に擬似患者として入院させてもらい、患者の視点から観察させてもらったりもした。

本書と関係することとして、犯罪と犯罪者処遇の現場に携わるように努めた。

犯罪をした人や非行少年が社会に再適応できるように指導する法務省の保護司、刑務所の刑務官や少年院の教官を養成する法務省の矯正研修所支所の講師、家庭裁判所調査官研修所や裁判所職員総合研修所で、家庭裁判所調査官の研修の講師などを務めた。

また、法務省の法務総合研究所で『犯罪白書』作成に助力したり、法務省法務総合研究所研究評価検討委員会委員、少年院の視察委員会委員、家庭裁判所の家事調停委員などをして、長年にわたって社会統制機関に関与した。だから、こうした機関に所属する人々と直接的に接したりして、内部事情を知る立場にあった。

鳥の眼としては、スウェーデンの国立犯罪防止委員会、英国のケンブリッジ大学、オーストリアのウィーン大学、アメリカ合衆国の二つの大学――最初の大学へはフルブライト研究員として――へ留学したり、中国の複数の大学へ交換教授として派遣されたり、国連アジア極東犯罪防止研修所でケニアの非行少年の矯正や更生保護の実務家に対するセミナーの講師などを担当し、できるだけ海外の見聞が得られるように努めた。

アメリカ合衆国の死刑囚の房、ケニアの女子少年院、自由度の高い北欧の刑務所をはじめとして数多くの海外の矯正施設を参観するとともに、海外の犯罪状況や、犯罪及び犯罪者への取り組みについての知見を獲得した。

本書では、こうした経験に基づいて虫の眼と鳥の眼を統合し、わが国の社会統制機関に焦点を当て、警察、検察、法務省、裁判所などが抱えている問題について検討し、その解決策を探った。

研究者人生の集大成の一つと考え、長年にわたって蓄積してきた成果に最新の情報を加えて読者の皆様にお届けできるのは、平凡社新書編集部の和田康成さんのおかげである。和田さんからは、前著『新版 少年犯罪 18歳、19歳をどう扱うべきか』に続いて、読者の視点に立って、記述と説明の過不足に関して暖かな指導を得た。和田さんが持っている幅広い見識、深い洞察力と筆者が拠って立つ視点に対する理解に支えられて執筆は進められた。

私事にわたって恐縮だが、一〇一歳と九六歳になる父母と自宅で生活をしている。父母の望む生活条件を確保するために、自分の生命が失われそうになった時期を乗り越えて、この本が完成に至ったことにひとしおの感慨がある。和田さんへ、重ねて心からお礼を申し上げたい。

また、本書の内容は、国の内外を問わず、今まで出会って、暖かく接し、関与と観察の機会を与えてくれた人々の賜物である。おそらく、そのかたがたの意に沿わない記述も多々あると推測されるが、寛恕《かんじょ》を願いたい。

社会統制機関の営みを対象化する本書の試みが、犯罪と社会統制機関についてより広く深く理解するのに少しでもお役に立てたならば幸いである。

二〇二四年一月

鮎川 潤

参考文献

＊本文で引用した書名を除く

朝日新聞取材班『証拠改竄　特捜検事の犯罪』朝日新聞出版、二〇一一年
鮎川潤 *Juvenile Crimes and Social Problems in Japan: A Social Constructionist Approach*, Koyo-Shobo, 2019.
鮎川潤『新版 少年非行　社会はどう処遇しているか』（放送大学叢書）左右社、二〇二二年
鮎川潤『再検証　犯罪被害者とその支援　私たちはもう泣かない。』昭和堂、二〇一〇年
今西憲之＋週刊朝日取材班（大貫聡子、小宮山明希）『私は無実です　検察と戦った厚労省官僚、村木厚子の四四五日』朝日新聞出版、二〇一〇年
大坪弘道『勾留百二十日　特捜部長はなぜ逮捕されたか』文藝春秋、二〇一一年
西川伸一『増補改訂版　裁判官幹部人事の研究　「経歴的資源」を手がかりとして』五月書房新社、二〇二〇年
弘中惇一郎『生涯弁護士 事件ファイル』一、講談社、二〇二一年
古川利明『日本の裏金下　検察・警察編』第三書館、二〇〇七年
山田雄一郎「大川原化工機事件　公安のでっち上げを起訴した東京地検のずさん」『週刊東洋経済』二〇

二三年九月九日号、五八―五九頁
Adler, Patricia and Peter Adler, eds. *Constructions of Deviance: Social Power, Context, and Interaction*, 8th ed. Thomson Wadsworth, 2015.
Best, Joel, *Deviance: Career of a Concept*, Thomson Wadsworth, 2004.

NHKスペシャル「〝冤《えん》罪〟の深層～警視庁公安部で何が～」二〇二三年九月二四日放送

『更生保護』『刑政』などの雑誌
『矯正統計年報』『司法統計年報』などの統計
LEX/DBなどの判例データベース及び新聞データベース
その他

【著者】

鮎川潤（あゆかわ じゅん）

1952年愛知県生まれ。東京大学卒業。大阪大学大学院修士課程修了。関西学院大学名誉教授。専門は犯罪学、刑事政策、社会問題研究。南イリノイ大学フルブライト研究員、スウェーデン国立犯罪防止委員会、ケンブリッジ大学等の客員研究員、中国人民大学等への派遣教授、法務省法務総合研究所研究評価検討委員会委員等を務めた。博士（人間科学）。保護司。著書に『新版 少年犯罪　18歳、19歳をどう扱うべきか』（平凡社新書）、『幸福な離婚　家庭裁判所の調停現場から』（中公新書ラクレ）などがある。

平凡社新書１０５０

腐敗する「法の番人」

警察、検察、法務省、裁判所の正義を問う

発行日――2024年2月15日　初版第1刷

著者――鮎川潤

発行者――下中順平

発行所――株式会社平凡社

〒101-0051　東京都千代田区神田神保町3-29

電話　(03) 3230-6573［営業］

ホームページ　https://www.heibonsha.co.jp/

印刷・製本―図書印刷株式会社

装幀――菊地信義

ISBN978-4-582-86050-4